師生有情

蒲葦 編著

目錄

102 青春煩惱

序

鄧昭祺（祺祺博士）

書信是一種歷史悠久的交際工具。南朝齊梁文學理論家劉勰在《文心雕龍．書記》中說，春秋時代，各國互相訪問頻繁，於是傳遞書信的使者越來越多，可見書信在二千多年前已經流行。在大量存世書信中，有很多已經失去人際交往的實用價值，但卻成為出色的文學作品。這些作品，除了文筆優秀外，還有深刻的思想、動人的感情。

文學作品通常是為大眾而寫，作者都希望擁有大量讀者。書信卻並不相同，它們都是寫給特定對象閱讀的，而最常見的情況就是對象只有一名。在這種個人色彩濃厚的文體中，作者可以毫無保留、不假修飾地袒露自己的胸懷，傾訴自己的衷腸，因此讀者不難從作者的書信中認識他的內心世界，了解他的思想性格。《史記》作者司馬遷在〈太史公自序〉裡，敘述了他創作《史記》的動機和目的。同樣的內容，也見於他寫給朋友的一封信——〈報任安書〉。但是如果我們比較兩篇文章的風格，就會發現很大的差別。司馬遷因為替李陵辯護而慘受腐刑，於是發憤著書以抒發心中抑鬱，寫出五十二萬六千五百字的《史記》。〈太史公自序〉寫到這部分內容時，表露出作者悲愴的感情，但是整體來說，這篇文章氣勢雄渾，用語莊重，就像一篇嚴肅的學術論文。〈報任安書〉的風格則截然不同。這篇長文是司馬遷向好友傾吐滿腔憤懣和痛苦之情的覆信，信中毫無顧忌地揭露漢武帝剛愎專橫、殘害忠良的真相，淋漓盡致地陳述了自己因為替李陵主持公道而蒙受腐刑的不幸遭遇和奇恥大辱，全文感情激蕩，震撼人心，簡直像一篇無韻的《離騷》。正如清代吳楚材在《古文觀止》裡所評，「其感慨嘯歌，大有燕趙烈士之風；憂愁幽思，則又直與《離騷》對壘，文情至此極矣。」〈太史公自序〉和〈報任安書〉之所以風格迥異，應該是由於司馬遷根據實際需要而選擇了不同的書寫體裁。書信最適宜用來表達感情、直抒胸臆，讀者如果想更全面、更直接、更深入地了解一個作者的思想感情和性格特徵，最好的方法莫如閱讀他的書信。名家書信的抒情成分很值得我們欣賞，作者的抒情技巧也很值得我們借鑑，而閱讀好的書信集當然是賞心樂事。

這本由三聯書店出版的《師生有情》，收錄幾十篇老師和學生之間的通信，由蒲葦主編。蒲葦除了是資深教師外，還是有名的散文作家，他的抒情文寫得尤其精彩。不難想見，《師生有情》是充滿感情的書信集，無論是學生來信或老師覆信，在在都可以見到發自肺腑、真摯深厚的感情。

老師和學生或後學之間的通信，並不是現代新產品，而是古已有之的。這種別具特色的書信，在唐代頗為流行。韓愈的〈答尉遲生書〉、〈答李翊書〉、〈答劉正夫書〉、〈答陳商書〉，柳宗元的〈答韋中立論師道書〉、〈覆杜溫夫書〉、〈答吳秀才謝示新文書〉等，就是韓柳二人寫給學生或後學的覆信，向他們闡釋關於讀書和寫作的各種道理。我國古代很少論文專著，這些覆信記載了很多散文寫作的理論和寶貴經驗，是古代文學理論的重要資料。不過美中不足的，就是現在我們往往只能讀到韓愈和柳宗元的覆信，而無法讀到向他們請教的學生或後學的來信，這樣便使我們不容易全盤理解信中所討論的內容。例如韓愈在〈答陳商書〉裡説陳商的來信「語高而旨深，三四讀尚不能通曉」，究竟陳商這封信的文字怎樣高深莫測，連韓愈這位文學大家也讀不懂，我們今天無法知曉，因為《全唐文》只收錄了陳商四篇文章，當中並不包括他寫給韓愈的信。相較之下，《師生有情》就沒有這方面的缺憾，因為本書不但收錄老師覆信，而且還收錄學生來信，這樣便使讀者可以痛快淋漓地看到師生互相交流的全部文字，進而透徹了解他們所討論的問題。

《師生有情》內容廣泛，舉凡讀物的選擇、語文的學習、選科的困惑、升學的疑慮、留學的迷思、愛情的迷惘、家庭生活的困擾、大學生活的適應、文化差異的煩惱等，總之是與學生或青年有切身關係的重大問題，本書都有熱情認真的探討。入選的書信，大都是文字通順、抒情懇切、言之有物的作品，希望青年朋友能從中汲取營養，充實自己。

導讀指引

大學是個怎樣的地方？

吳皓妍同學

敬愛的區老師：

學校一切可好？學妹有我從前乖巧嗎？如今在中大，每每走過飄搖細葉榕的山徑，便會想起細葉榕氣根蔭庇的大坑道，還有一地落葉的校門；每每走過新亞書院的錢穆圖書館，便會想起您拿著錢穆的《國史大綱》讓歷代治亂滔滔在我們眼前傾流；每當教授在主修的中文系課堂談及史籍，一個沉醉不留神，便會以為是您講授史學史，而自己仍是那個和您、和同學一起的自己，仍在走末代高考的路。

002

在跌跌碰碰的歲月裡成長起來

區寶文老師

親愛的皓妍同學：

收到你的來信，心裡冒起了久違的感覺，原來已有一段時間沒有讀過長長的信件，就連昔日在學校批改回應週記的日子也漸漸遠去。這刻，都市人總愛用短語微訊來傳情，當中能真情流露的又多少呢？今天看著你在字裡行間不斷拷問自己的人生，正好透著一股「尋路青春」氣息，令我的心也躍動起來。

從大坑走到中大的路，原來我也同樣走過。

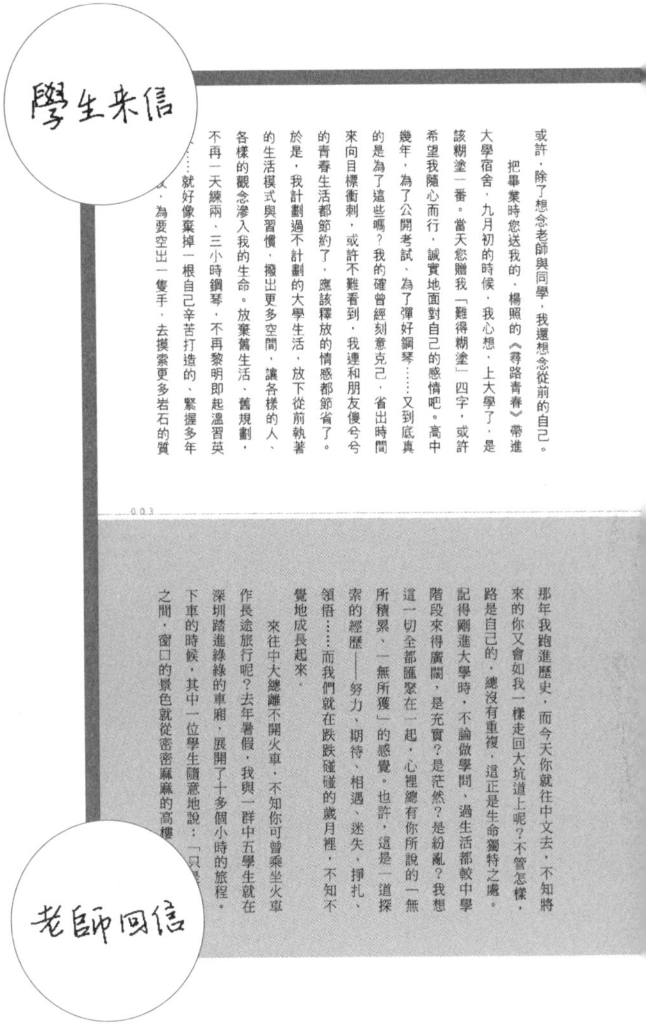
學生来信
或許，除了想念老師與同學，我還想念從前的自己。
把畢業時您送我的，楊照的《尋路青春》帶進大學宿舍，九月初的時候，我心想，上大學了，是該糊塗一番。當天您贈我「難得糊塗」四字，或許希望我隨心而行，誠實地面對自己的感情吧。高中幾年，為了公開考試、為了彈好鋼琴……又到底真的是為了這些嗎？我的確曾經刻意克己，省出時間來向目標衝刺，或許不難看到，我連和朋友傻兮兮的青春生活都節約了，應該釋放的情感都節省了。
於是，我計劃過不計劃的大學生活，放下從前執著的生活模式與習慣，撥出更多空間，讓各樣的人、各樣的觀念滲入我的生命。放棄舊生活、舊規劃，不再一天練兩、三小時鋼琴，不再黎明即起溫習英……就好像棄掉一根自己辛苦打造的、緊握多年的杖，為要空出一隻手，去摸索更多岩石的質
003
那年我跑進歷史，而今天你就往中文去，不知將來的你又會如我一樣走回大坑道上呢？不管怎樣，路是自己的，總沒有重複，這正是生命獨特之處。記得剛進大學時，不論做學問、過生活都較中學階段來得廣闊，是充實？是茫然？是紛亂？我想這一切全都匯聚在一起，心裡總有你所說的「一無所積累、一無所獲」的感覺。也許，這是一道探索的經歷——努力、期待、相遇、迷失、掙扎、領悟……而我們就在跌跌碰碰的歲月裡，不知不覺地成長起來。
來往中大總離不開火車，不知你可曾乘坐火車作長途旅行呢？去年暑假，我與一群中五學生就在深圳踏進綠綠的車廂，展開了十多個小時的旅程。下車的時候，其中一位學生隨意地說：「只
之間，窗口的景色就從密密麻麻的高樓
老師回信

本書採用特別的設計形式，書頁上部是同學的來信，下部則是老師的回信。通信往來上下相呼應。可先閱讀書頁上部的同學來信，讀完後再細品老師回信。

校園生活

『人生之妙是可擁有自己的理想，可去尋夢。』

大學是個怎樣的地方？

吳皓妍同學

敬愛的區老師：

學校一切可好？學妹有我從前乖巧嗎？如今在中大，每每走過飄搖細葉榕的山徑，便會想起細葉榕氣根蔭庇的大坑道，還有一地落葉的校門；每每走過新亞書院的錢穆圖書館，便會想起您拿著錢穆的《國史大綱》讓歷代治亂滔滔在我們眼前傾流；每當教授在主修的中文系課堂談及史籍，一個沉醉不留神，便會以為是您講授史學史，而自己仍是那個和您、和同學一起的自己，仍在走末代高考的路。

在跌跌碰碰的歲月裡成長起來

區寶文老師

親愛的皓妍同學：

收到你的來信，心裡冒起了久違的感覺，原來已有一段時間沒有讀過長長的信件，就連昔日在學校批改回應週記的日子也漸漸遠去。這刻，都市人總愛用短語微訊來傳情，當中能真情流露的又多少呢？今天看著你在字裡行間不斷拷問自己的人生，正好透著一股「尋路青春」氣息，令我的心也躍動起來。

從大坑走到中大的路，原來我也同樣走過。

或許，除了想念老師與同學，我還想念從前的自己。

把畢業時您送我的、楊照的《尋路青春》帶進大學宿舍，九月初的時候，我心想，上大學了，是該糊塗一番。當天您贈我「難得糊塗」四字，或許希望我隨心而行，誠實地面對自己的感情吧。高中幾年，為了公開考試、為了彈好鋼琴……又到底真的是為了這些嗎？我的確曾經刻意克己，省出時間來向目標衝刺，或許不難看到，我連和朋友傻兮兮的青春生活都節約了，應該釋放的情感都節省了。於是，我計劃過不計劃的大學生活，放下從前執著的生活模式與習慣，撥出更多空間，讓各樣的人、各樣的觀念滲入我的生命。放棄舊生活、舊規劃，不再一天練兩、三小時鋼琴，不再黎明即起溫習英文……就好像棄掉一根自己辛苦打造的、緊握多年的遠足杖，為要空出一隻手，去摸索更多岩石的質

那年我跑進歷史，而今天你就往中文去，不知將來的你又會如我一樣走回大坑道上呢？不管怎樣，路是自己的，總沒有重複，這正是生命獨特之處。記得剛進大學時，不論做學問、過生活都較中學階段來得廣闊，是充實？是茫然？是紛亂？我想這一切全都匯聚在一起，心裡總有你所說的「無所積累、一無所獲」的感覺。也許，這是一道探索的經歷——努力、期待、相遇、迷失、掙扎、領悟……而我們就在跌跌碰碰的歲月裡，不知不覺地成長起來。

來往中大總離不開火車，不知你可曾乘坐火車作長途旅行呢？去年暑假，我與一群中五學生就在深圳踏進綠綠的車廂，展開了十多個小時的旅程。下車的時候，其中一位學生隨意地說：「只是一夜之間，窗口的景色就從密密麻麻的高樓大廈換為深

感、攀越更高的山。

離開大坑的山徑，在中大山頭，除了細葉榕，我果然遇上更繽紛的草木，更多樣生態。從韓國來的同學喜在宿舍醃製泡菜，嚐各種辛辣，又有喜歡

淺不一的綠色田地。」然而，我聽來倒覺得意義深長。是啊！人生就如一列火車，從出生以來就一直往前走，坐在車廂內，不經不覺間轉換了不同人生場景，家庭、學校、工作等。新環境雖是陌生但卻帶來刺激，教人興奮不已。不過，當你走進其中生活，就得為自己找個身份位置，在家裡，你是女兒、姊姊、孫兒；在中學，你是學生、學姊、風紀隊長。過去，這些身份不少都是別人賦予你的；今天，跨進大學之門，不單要重新尋找在這場景裡角色，更是獨立起來的開始。究竟我要成為怎樣的人呢？我的未來會是怎樣的呢？為此我們不必苦惱今天生活裡一切的凌亂與茫然，我們只是需要更多時間安靜下來，真誠面對自己的心思意念，確定心底裡所喜愛的，屬於自己的路定必會慢慢走出來。

行駛的火車也有靠站的一刻，記得一次從南

自家調製乳酪的，用試管一樣的玻璃瓶把牛奶乳酸藏在冰箱，彷彿，醫學與科學大樓之外，大學仍是個無時無刻都可讓人輕鬆地嘗新的實驗室；有喜歡悠悠在聯合書院草地談天、野餐的，有喜歡靜靜在各大樓天台觀星、沉思的，彷彿，在鬧市中，就只有大學容許帶點哲學味道的活動；又有日以繼夜在圖書館閱讀的，夜以繼日在宿舍溫習的，彷彿，在訊息萬變的世代裡，也只有大學容許閉關式瘋狂地追求知識的人。從前北大校長蔡元培有言：「大學者，囊括大典、網羅眾家之學府也。」依我看，大學不止是學術觀點雲集、古今中外典籍齊備的地方，更是學子實踐生活態度的地方。每個能進大學的學子，其實總有自己一套的生存之道，使中大的山頭即使不在春夏，都時常百花齊放。老師當年看到的中大已經是這樣的嗎？

京往蘇州的旅程，開始時滿車都是乘客，車廂內熙熙攘攘的；停靠中途站後，聲音隨著乘客下車逐漸消失，但瞬間已迎來一群新乘客，車廂又再次喧鬧起來。所以，我們的人生不單會有場景的轉換，更會遇上不同的面孔。當中有部分與我們親近些，關係緊密些，但有些只是君子之交，甚至相處得沒甚麼好感。然而，關係不是最重要的，只是讓我們開懷一點，了解和欣賞每一個與我們相遇的人。看看他們怎樣面對生活的每一天？他們的喜、怒、哀、樂是源於甚麼？認識每個人的特質。我深信他們的經歷能豐富我們的人生，開拓我們的眼光，叫我們不再局限於自己的世界內。回首成長過程，除了家人外，我實在遇上形形色色的人，教懂我欣賞美的宗教老師、令我明白何為認真的暑期工上司、放下身段關心學生的大學老師，讓我開懷面對失敗的同百花齊放、百蜜交融是甜美的青春，嚐著嚐著，我卻不時感到枯竭。也許甘味太雜，芬芳辨不清、不能好好吸收香氣吧？總有一種無所積累、一無所獲的感覺。問我這學期學了甚麼？我好像答不出具體的東西。不像從前一樣我能娓娓道來，吃了史學史、吞了交通史……有時候，甚至覺得自己本來的香氣消失了——全神貫注做一件事像是變得很難。總有突發的事、路過的朋友，即沒有如此的偶然，花在網上社交、電話傳訊的時間也不知何解的多了，又即使自己一個人，卻竟在發呆。或許不知道怎樣面對有空間的生活？很可笑吧？忽爾，對人、特別都市人多了一份明白。往往人都習慣勞累，習慣讓生命不免會發生的事必然發生，如上學、上班等，身體只管擺出蠻勁，像鯊魚一樣，眼大而狠，能速擒目標獵物，卻是色盲，只能捕捉形與影，無

從品味真正繽紛的色彩，心靈長久沉睡。或許我從來都如是。而今終於進了大學，在中大的山山水水映照下，心眼終於有時間睜開了，可能不免目光呆滯，一時間許多事、許多思緒都不知如何是好。於是，有時會討厭迷失的自己，甚至覺得對不起那些渴望大學生活而不得的人，我有如此的福份，卻好像不懂得去享受。老師，我知道您又要罵我想得太多了。

不懂享受，或許因為不知道該從何開始享受這美輪美奐的世界。從前的生活很簡單，我想要的不算多，想要難忘的末代高考回憶，最好還有好成績吧。現在一時間覺得任何事物都太可口了，讓我甚麼都想把它塞進肚皮，於是飽滿得要腹瀉。但慢慢的，用安靜瀉光吐淨一切後，我忽又對清華大學前校長梅貽琦的一句話理解多了。「所謂大學者，非

事，總之是數之不盡。這些人的出現從來都不在預算之內，我只能說這是恩典，在我人生每一階段裡，總有天使相伴，不叫我孤單。除此以外，近日我很喜歡閱讀人物傳記，主人翁述說在時代洪流中掙扎、跨越生命低谷時，心情難免跌宕，但精神卻是抖擻不懈，這種生活態度往往都能成為我面對生活難關的鼓勵。希望你能把握時間，不論是與人相處，或從書本裡，能夠更敏感地觸摸周遭的一切，剛強自己。

遊筆至此，很想與你分享兩位尊敬的中學老師，在我進入大學時所寫下的勉勵，但願她們的話你也受用。

大學生涯，可以過得很精彩，可以過得很渾噩，但無可置疑，這四年是最容易叫人迷失的日子，迷

謂有大樓之謂也，有大師之謂也」，大學要成為一個真正多姿多彩的地方，當中要有忠貞不二地探索的人。各種學術其實都為經營一個更豐盈的世界，讓人類享受自己努力而得的果子，所以，或許一切的學問難專難精，但在大學裡要學的，是一種大師的精神，即學不了，最少也要懂得欣賞這一份對自己學術領域忠貞的精神。自己的領域？所以，大學是個果園，要我們學習在千紅萬芳裡找自己真正覺得最美的一棵果樹，然後專一不二的讓它、讓自己結出菁實的果子。所以，或許，你從來是個怎樣的人，或者你希望自己成為怎樣的人，大學就是個怎樣的地方。大學是一個讓我學習如何專心做一個自己想做的人的地方。

人生是一場取捨吧，或者應該調調次序，先有捨才有取。我們要讓這過程循環永不止息，才算把

失在信仰、迷失在原則、迷失在口號、迷失在激情，或迷失在戀愛、迷失在學問……你要靠主，好好裝備（不是保護）自己，在洪流中做一塊堅固的磐石！

今日進入修業之門不難，難在置身濁世而能逆流而上，以德化群，感染同儕。

區寶文

二月三日

生命的果子放進嘴裡好好咀嚼品味，放進肚腹好好反芻消化。如今想起來，我沒有後悔放開自己從前緊握的生活方式。雖然我的確讓自己迷失、讓自己凌亂了，但我堅信，離開果園一樣的大學前，我會找到一個對生命更敏感、對生活更熱愛的自己。而我也相信，現在每一次從中大的山頭走出來，回來大坑的小徑看望您和中學的校園，笑靨定必比從前更紅更甜。祝

身體健康！

學生

皓妍上

一月十五日

如何才能闖過大學的三關？

清霞同學

親愛的 Miss Kwok：

耽了這麼久，終於有勇氣寫這封信給你了。有時候，不是不想用行動聊聊近況，而是事情太多，千言萬語，無關痛癢，零星碎片，都很想說，但又不知從何說起。可幸，相互關切的心仍在，於是此刻靜下心來，整理思緒，告訴您我短暫的大學新鮮人生活。

老師，您跟我們說過大學要闖三關，我不如從這三關說說我的大學生活吧。第一關是闖書關，這

迷惘的詩意，你花費得起

郭潔玲老師

清霞：

今夜又是一個難眠的晚上，輾轉反側之際，床頭的手機傳來微弱的訊號，原來在這個凌晨二時多的時分，你傳來一封信。忍不住文字的誘惑，我隨手拿起手機躲在被窩裡掃讀你的一字一句。千言萬語中訴說著一個少女心事，一切好像很遙遠，卻又是舊時相識。

感謝你總是記掛著我的話。不錯，那是去年你們離校前最後一節中文課時的離別叮嚀。

不單指要多閱讀學科上的書籍，更要好好善用大學圖書館的資源，看盡汪洋恣肆的好館藏；二是闖行關，就是多走出去外面世界，趁著年輕到天南地北走走，您還說，如果擔心旅費不足，就賣掉智能電話吧！接著也說了很多您遊歷的趣事給我們聽；三是最令人欲語還休的——闖情關，您說進了大學不妨放開心眼，交一個合性情的異性朋友，那對自己的成長和下半生都有莫大的裨益。

本來我最有信心闖的是第一關，但現在卻往往只有在要交功課時，才臨時抱佛腳的鑽進圖書館。時間也總是很快很快地過去了，如果你問我時間都花在哪裡去，我想應該是花在一種迷惘的詩意上吧。現在上課不再是八時到下午三時半，吃飯不一定是十二時半，所有事都靠自己去管理編排，結果就胡亂花掉時間。有時真的會懷念以前規範著生活

第一關，書關。在這三年來所教的學生中，論中文考試成績最好的，你不是第一人，可是論閱書量的豐富，你大概可以名列前茅。每次當我向同學提及甚麼作家甚麼好書時，你總是興奮地回應，好像有次說起余華的《兄弟》，你便雀躍跟我討論相關的情節，一時間大家也忘記班上其他三十多位同學的存在。書關，其實你早已闖過。

你說你現在將時間花在一種「迷惘的詩意」中。在香港這個狹小的城市裡，成年人為生計奔波；年青人為前途拚搏；少年人為學業奮鬥，現在連幼稚園小朋友也忙於學習十八般武藝。可憐的香港人大概不知道甚麼叫「空間」。你好不容易闖過文憑試這難關，能讀到理想的學系，那就當獎賞給自己的禮物，暫時享受一下好日子，這實在不為過。我想你的詩意，大概就是周圍閒蕩，看看花，看看

的討厭數字來。

我也很想闖行關。很想揹著大行囊，有一天能騎馬，帶相機、紙筆，自由縱橫在天地間。漠北看星，江南聽曲；暢時幕天席地，圍火談天；雅時紅袖添香，藍天寫生。但卻總是放不下學業，怕一去就是一個學期，遲了畢業，負了爹娘。而且最重要是去交流團是要靠著GPA行事，只有GPA高，才可以闖天南地北呢。如果要自費出外，我想除了賣掉電話，想辦法賺取旅費也是令人頭痛的。

最後，是闖情關。這一關是我最沒有把握的。眼看著愈來愈多同學接二連三說：「我出pool了！」也就是指出了那個單身池子，你說完全不泛起一陣酸意是騙人的，那股酸意應該是有五分失落，三分妒忌，二分恭喜。失落是又少了一個單身姊妹，妒忌是覺得「我也不比她差呀！」，恭喜當

海，看看天人合一亭，無事發呆一下。你不必為此歉疚，在以後的人生裡，直到退休前你都會一直受著規範生活的數字所控制甚至綑縛，將來你一定會感謝這一段日子曾帶給你的自由，那是千金難求。放心，只要不至於放縱荒頹，這樣的生活，你暫時還是花費得起。而且我了解的你是個重情的人，當大學的新鮮感稍退，有一天你總會回到舊愛的身邊，我相信。

第二關，行關。我常想如果當年我的大學生活沒有長達一個月的絲綢之旅，那將會是怎樣的光景？大學生活還會那麼值得我回憶嗎？出外旅行，該列入大學必修課程，因為學到的東西肯定不比在校學的少。除了享受到你所說的浪漫情懷外，更直接的是讓你學懂生活。你會為一張火車票，一晚住宿，一頓晚餐而籌謀打算。你要在有限的旅費下運

用最多的資源去完成旅程，最後安然回家，這當中所需的智慧及人際溝通技巧，大概不比完成一份論文或匯報少。若再進一步能在外地生活一年半載，就簡直是中巨獎，那怕 GPA 有多高，我也必定拚盡全力去爭取，因為以大學生身份出外讀書交流的機會，人生大概沒有好多次。去年暑假當我遊逛都柏林的大學校園時，看到一群不同國籍的學生圍在厚厚如地毯的草地上，在陽光的照射下或坐或側躺跟老師興高采烈地討論學術的課題，大概這就是青春的最好詮釋，這一刻，我真有衝動當個交流生重回校園。你擔心會遲了畢業而負了父母，其實只要你清楚告訴他們，出外讀書是自我增值，能提昇你將來的就業機會，因為現代許多僱主也喜歡聘用見識過世面的大學畢業生，結果反過來說不定父母會催促你早點出門呢。

然也就是恭喜了。（老師，不要覺得奇怪，為甚麼這頭妒忌，那頭又恭喜，反正在此事上，女子的心思都是這麼糾結的，您是懂的。）但有時又會很阿Q地想，男女感情又不一定都能天長地久的，只有學過的知識才是誰也不能奪走，我還是專心讀書好了。但每當得知同學脱離單身的近況後，那些五味

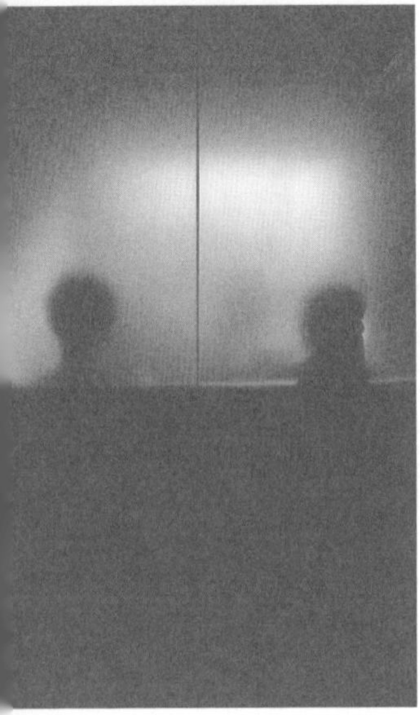

至於錢的問題，我知道這世界是沒錢不成事的。只是，從前我們許多都是窮學生，可總想到辦法儲錢去旅行，我們有錢的會去歐洲流浪，沒錢的便闖蕩中國大江南北。當然，現在出外的消費不輕，去內地也不便宜。要賣掉智能手機，大概是不可能的事，在這年代，年青人沒有它就幾乎不能生存。可我不明白你們往往有錢買＄680、甚至更貴的票看一場演唱會，而你們一年裡去卡拉OK的消費總和大概足夠我買一張機票。其實平時多點回家吃飯，少買些無謂的衣飾，不追趕潮流玩意，我想要儲錢還不是沒可能的。記得你曾寫過一篇有關西湖美景的散文，如不是你說不曾去過，還以為你曾在此居住多時，可見你熱愛紙上旅遊。快些出行吧，去看看真實的西湖是否比你筆下美。若真的經濟不可，那就先欣賞了解自己生於斯長於斯的香港吧。

紛陳又會再翻江倒海一次。反正，可能就是我想得太多了，哈哈。

我簡單而短暫體會到的大學生活也僅此而已，那三關我還是未成功闖過，但我會努力嘗試，希望未來能呈上一份可觀的成績表。如果我能過此三關，往後人生的許多煩愁，相信會有智慧和能力解決到吧？Miss Kwok，近來天氣乍暖還寒，記得要出動您漂亮大方款式多變的圍巾哦！記得您總是容易在這種天氣染病的，努力工作時也要小心身體呀！

祝

生活愉快！

學生
清霞敬上
二月二日

你去過西貢的大浪灣遠足腳踏柔滑的細沙；曾遠眺東龍島的懸崖峭壁靜聽海浪的澎湃聲嗎？我才在前兩天到嘉道理農場看盛放的櫻花，以前曾費勁去計劃到東京賞花行程，一切就緒，到頭來天氣作對，櫻花遲遲不肯出場，好不失望，原來許多美好的東西也就在當下。

第三關，可是最難闖，前兩者可靠人為意志力去改變，感情事卻一向遵從反拉力原理，往往越著力越遙遠。當然，我懂，我懂得那酸溜溜的感覺，假如是身邊好友的話，就更會引發胃酸倒流。然而，千萬不要為了治病便胡亂「出pool」（謝謝你告訴我這個潮語）。套句文藝小說的話：愛情要來便來，要去便去，大概一切關乎緣分，與你自身質素無關。不少學生入大學的首要任務不是追求知識，而是尋尋覓覓，本來窈窕淑女，君子好逑，實是大自然定律，然而最怕就是為了面子問題而隨便找個人，結果激情過後，百病叢生，最後弄至兩敗俱傷。

在這個濫情的年代，若你放低身段，相信明天你去校園走一趟，便可找到個可讓你身邊朋友嚐酸的男孩。只是，我認識的清霞，雖然性格隨和，但卻絕不隨便，你連寫作用字也典雅含蓄，愛逐字推敲，對於感情，又豈會甘心平庸俗套，對嗎？有內涵有識見有品德的男孩在香港大概是稀有品種，要遇上的或然率較低，所以別期望在短短的三四個月便會給你碰上。耐心一點，給自己一點時間吧。待你接觸更多世情，細心觀察身邊的人，了解對方的行事為人，時機成熟了，說不定驀然回首，那人已在燈火闌珊處。

好了，有點倦了，我的話也到此為止。甚麼時候有空，大家找個時間坐下來，慢慢再跟你分享大

學生活的點滴吧。然而，在這年代，仍能在深宵透過文字溝通也實在是一件奢侈浪漫的事，也就更令人珍視。期待下一次的魚雁往返。

郭潔玲

二月四日

學習與課外活動，如何平衡？

許洛僮同學

親愛的許老師：

老師您好！

剛升上中五的這一個月來，我好像突然忙碌了許多。從早上八點開始上課，一直到四點放學，才終於可以喘一口氣，但是不同的職務和作業卻又奪去了我休息的時間。這樣與中四完全截然不同的生活讓我無所適從，所以我希望能從您這裡得到一些建議。

我想，讓我忽然變得忙碌不已的原因是參加了

用自信去尋夢

許鳳玲老師

親愛的洛僮：

謝謝你的來信。希望我可以為你分憂，給你一點建議！

你當初參加學生會也是懷著一股熱誠，希望為學校和同學作出貢獻，這是值得欣賞的。我認為，當你決定參與學生會的選舉後，就必須全力以赴，縱然你現在覺得很困憊，也得硬著頭皮闖過去，因為那是你經過深思熟慮才決定組閣參選的，所以每個人都要為自己的決定負責。你現在若因一點困難

學生會。現在回想，當初的決定的確不很周全，沒有想過中五的學業會是如此繁忙。雖然不同的老師都勸過我們班的同學不要參加，可是當時已經準備得差不多了的我們還是毅然參選。一個星期中，不但要在全校到處宣傳，弄得身心俱疲；回家後還要整理不同的福利活動和製作短片，進一步剝奪了我花在學業上的時間。所以這幾天下來，我雖然勉強能準時完成作業，但是上課時因為睡眠不足偶爾也會出現打瞌睡的情況，讓我十分苦惱。參加學生會雖然是一個很不錯的經驗，但是我想如果到了各科目的校本評核和補課洶湧而至的時候，我究竟還能不能繼續平衡學習和學生會的活動呢？我的目光也許應該放得更遠，將所有的精力放在讀書上，盼能考上理想的大學。然而，現在我進退兩難，既不能退出學生會，也不能選擇將所有的時間花在學生會

就半途而廢，離棄你的隊員，那豈不是更不負責任？當然，我明白你的憂慮，或許你現在面對的困難也非你當初所預料到的，那麼，我希望你記著：凡事不能力求完美，只需盡力而為，無愧天地便可。

我認為，只要你適當地分配時間，做好本份，儘管事情做得不完美或不圓足，也不需過份自責。洛僮，你還有很漫長的人生路要走，而在這人生路上，總會遇到很多分岔路，那時你就要運用你的智慧去選擇，選擇後便要盡力去走，無論沿路是秀麗明媚的好風光或是滿佈荊棘的石路，只要你用心去走，自可從途中有所體悟，有了這些經驗，你將來就可走一條更遠更適合自己的路了。

說到理想，老師年青時也曾有迷惘的時候，但最後還是選擇了當老師，走這條既艱辛又有意義的路。人生最奇妙之一是可擁有自己的理想，可去尋

上，老師您說我應該怎麼辦呢？

說起考大學，其實我對我該走的路十分迷茫。我問過一些朋友，他們大多十分肯定自己將來想要從事的職業，我卻極不肯定。我曾經想過要當一個作家，但是我自認文筆還沒達到那個程度；也想過要當一個攝影師，但是那似乎只是當時一時興起的念頭；更想過要當一個程式設計員，但是又總覺得自己沒有那個能力去讀電子工程。總之我想過很多未來職業的可能性，卻一次又一次地否定了自己。可能因為自己不是香港出生，和香港學生相比的時候我會比較自卑，所以我常會懷疑自己究竟能不能考上大學，或者說考上理想的大學、理想的系。我不知道我將來想要從事甚麼職業，所以我很怕在報考大學的時候會選錯，結果弄得一塌糊塗。就目前來說，我對於電腦程式設計比較感興趣，老師您覺

夢，這是其他動物所沒有的。要當作家？很好！《哈利波特》的作者羅琳憑著一股熱誠和懷著理想，在絕境中當上了作家，最後不是成功嗎？當攝影師？很好！能把興趣當成職業的人是很幸運的！當程式設計員？很好！你對電子工程了解深嗎？為何說自己沒有此方面的能力？

洛僮，你在老師眼中是個品學兼優的學生，唯一阻礙你尋夢的是你不夠自信！甚麼大陸來還是香港出生，這是否定自己和能力的原因嗎？俗語云：「英雄莫問出處。」你在學習上的自我要求，在待人處事上的友善和尊重的態度，均令我十分欣賞！你知道嗎？一個勤奮、自信、謙虛和懂得尊重別人的人，將來才可以成就大業。你看我國的溫家寶總理，美國總統奧巴馬，甚至那些諾貝爾的得獎者，如果你細細了解他們背後的故事，你會認同我的看

法。其實，年紀小小的你，除缺乏一點自信外，已具備所有成功的要素了！

所以，我建議你從今開始，先建立自信，你要相信自己在學業上獲得的肯定，相信自己有能力跟其他人比拚。然後，你要趁著這段時間，多去大學的開放日，找一些資料，讓自己對有興趣的科目作進一步的了解，例如你對電腦程式設計比較感興趣，你可以詢問一下有關科目的收生要求、將來的就業前途等，慢慢細想，也可詢問我校的戴老師，她是富相關經驗又熱心教學的老師，你肯定可以更多的了解這方面呢！這樣，待中六選科的時候，就有更好的把握了。如果可以把興趣變成職業，那當然是人生一大樂事；如果因著現實的生活問題而要有所割捨，那就找一些自己有能力的學科來學習，閒餘時再發展你的興趣吧。

得我應該是繼續往這邊鑽研還是再仔細想清楚自己究竟是想做甚麼呢？

中五還有一段長路，我希望我能夠好好地分配時間，能夠在學業上不斷進步之餘，也有時間去參加一些課外活動，以鍛煉和充實自己。

祝

身體健康！

學生

許洛僮謹上

九月二十三日

你說得對，中五的學習生活剛開始，你仍有時間去努力和思索自己未來的路向，不用著急。希望你繼續努力學習，並多參與校內外的活動，拓寬自己的視野，從經驗中建立自信，一步一步地摸索自己的人生路。我相信，你一定可以找到一條康莊大道的！我會永遠支持你！

祝

早日達成理想！

許鳳玲

九月三十日

A. LANGE & SÖHNE
AUF AB

語文是怎樣學好的？

葉錦豪同學

親愛的胡老師：

好久沒聽你的課了！如果我沒記錯的話，我們認識已經有四年多了。

我還記得第一天上語文課的情況：當時我是一個中二的學生，恰巧我修讀你任教的普通話科。那是我第一次看見你，當時你給我的第一印象就是嚴肅和專業。事實也如此，你的普通話語音確實和那些與生俱來的母語者極為相似。你到底是怎樣學的呢？給我一些提點好嗎？

成功與痛苦同在

胡棹瑋老師

錦豪：

見信好，夠老土。哈哈！君子之交淡如水，你還記得我這個平凡的小老師，我已心滿意足了。最近真的有點忙，開學雜務、學校外評、中大論文等等，說好聽的叫充實，說難聽的叫庸碌。人又算甚麼呢？有時自大得可憐，自卑得可怕，我們必須學習接受的是心理極限的訓練。

林夕在《承受極限》中，勉勵年輕人要克服體力極限的訓練，同時還要承受心理極限的挑戰。誠到中三那年，你又成為我的語文老師。說真的，你成為了我的語文老師，我興奮莫名。那年你的教導讓我學懂了很多知識，改變了我以前對語文的看法。從前我只覺得語文是一門枯燥乏味的學科，只要你上課專心一點，用功一點，死死記牢重點，考試就可以考到好成績。但是你獨特的教授方法讓我明白到中國文化博大精深，並不是沉悶枯燥的，相反它是充滿趣味的。我深深體會到自己所懂的只是一孔之見，你讓我把從前放棄寫作的心也振奮起來，救了我一命。我也因此漸漸愛上了寫作，因為在寫作的空間裡我找到我自己，我不需要理會現實的掣肘，喜歡寫甚麼就寫甚麼，寫作世界裡我就是我。

現在，我還是渴望可以再上你的課！嘿嘿。

順祝

教得開心！

學生

葉錦豪敬上

九月二十四日

然，人生經受的痛苦與磨練愈多，我們所得到的成果也愈加豐碩。這個世界永遠沒有免費午餐，沒有不勞而獲，沒有純粹快樂，真正的成功必然與痛苦同在。學習普通話也同樣痛苦，尤其是你對自己的要求愈高，過程便愈加痛苦。當時，我考進了香港教育學院，自知語文較強，語言甚有天分，最後選擇自修普通話。當別人都在投閒置散時，我選擇了讀一個又一個的普通話增潤課程。除了必修的「基礎普通話」、「拼音與正音」之外，我還修讀了「正音與朗讀」和「聆聽與認辨」。即便是沒有學分的課程，我仍然覺得自己需要精進磨練，因為我知道自己再沒有甚麼比別人強的了。

學好普通話除了是我的選擇，更重要是我的興趣。課程是死的，語言是活的，我早已覺知這點。課程是基礎，生活是延伸的學習，學習最好還是成為聯繫生活的組件。我用聽書、聽音樂、看電影、看電視劇等方法，學習靜態和動態的語言，雅俗共賞。這些方法培養了我的語感，豐富了我的詞彙，加深了我對語言背後社會文化的認知，開拓了我的視角。

除了「聽」的組件有機聯繫到生活之外，更重要的是「說」的應用。我的語音是通過不斷的朗讀練回來的，最初我練普通話水平測試指定篇章的內容，後來信手拈來的甚麼東西都讀：報章雜誌、街道招貼，見字兒就心裡默唸，不懂就查字典。讀多了，聽多了，更重要的是我模仿能力特強，聽覺特敏，經常能自我糾正，洞察到自己語音的缺陷。久而久之，我的詞彙、語音、語感都很不錯，「說」自然不成問題，更經常和內地生交流。

後來，我考到了一級的普通話水平，自己還是不敢鬆懈，深怕錯教學生一個字兒的讀音。說實話，

我的語言面貌和普通話母語者很接近，可是我的語言內涵仍然有待深化，呵呵。學習的方法多得很，起碼可分死方法和活方法兩種，你想想，再把我提供的方法歸納、總結、分析看看。學習的過程必然是痛苦的，可我們也得調整心理，化苦為樂，多用活的趣味的方法來學習。我相信你也很喜歡多樣化的靈活學習模式，尤其是上語文課唄！

在我的印象中，你算得上是一個認真的學生，但心理的承受能力始終不及那些貧苦學生，你得訓練訓練心理的承受力。現今物質富裕，人的心靈卻脆弱得不堪一擊。還記得有一次，我「傲慢」地要求你們上好課，做好練習，盡好學生的責任，最後我竟被投訴「態度惡劣，教學空洞」。你們那些年讓我很難過，也讓我知道你們心理的承受能力如何。其實，我們很多時候真的只差最後一點點，就

可以嚐到甜的葡萄。

為甚麼我們都不願意堅持下去呢？我們往往沒有發揮人性的極限，以「盡力」、「順其自然」為推諉、推託的藉口。這樣下去，社會只會倒退，何來進步呢？我知道你喜歡寫作，可總不能那麼被動。你該主動出擊，發展自己的興趣，多練練筆，積累經驗，更重要的是要培養一顆堅毅的心，永不言敗。冀望你能把握學習時間，在享受校園生活的同時，培養、發展自己的興趣。

這該是我最後給你上的一課，人生路上依然陪你到世界的終結。加油！順祝

學習愉快！

胡棹瑋

十月六日

不再熟悉的生活

羅欣怡同學

我的老師朋友：

最近好嗎？知道你前陣子為著師弟妹準備公開考試和母校校慶的事宜忙個不可開交，現在大概可以鬆一口氣，稍微喘息一下吧？

此刻的我，情況也跟您相似——前幾天終於把那些惱人的報告功課統統完成，為這個學期畫上句號。時間過得很快，我感覺才稍稍適應大學生活，可真不敢相信已快要跟「新鮮人」這稱號告別了。

回想這一年，好不容易升上大學，又好不容易嘗試

青春是尋夢的最大本錢

衛顯鋒老師

欣怡同學：

首屆文憑試放榜說來像是不久以前的事，想不到彼此忙來趕去，我的次屆文憑試學生也快要接過他們的成績單，而你也當了一年新鮮人，將要升讀大學二年級了。

誠然，放榜那天，你那個徬徨失措的模樣至今還是教我歷歷在目。然而最教我遺憾的是，在你失意無助之際，受制於這個看似公平、實為殘酷的考試升學制度，我這位老師除了可說些聊勝於無的安

適應新生活。當中我所遇到的困難，有些至今依然面對著，甚或時而感到不安。

記得在中學時候，師兄師姐跟我們分享大學生活。他們都說大學生活自由、精彩多了，也就使我甚為期盼當大學生。可是，期望與現實總是存在落差。我不但進不了心儀學系，反而走進了科學學系，並且再次面對那些惱人的理科。對於數學、物理、化學和生物，我確實沒有太大興趣，心知它們不是我那杯茶。老師朋友，雖然我常常笑容滿面，但內心時而也會感到非常難過。看見朋友都在唸自己喜歡的學系，為他們感到高興的同時，心裡其實不是味兒。當我溫習筆記並對著那些莫名其妙的算式符號，就會迷茫起來，實在搞不懂自己何解又在唸這些東西。不得不承認，這一年的迷茫和沮喪實在時有氾濫。

慰說話，也實在不太懂得如何助你去改變結果、扭轉命運。不說不知，這幾年，每當看見你跟那些數字符號、元素公式苦苦搏鬥過後卻不得要領，那頹然灰心的樣子實在讓我心生歉疚。

還記得我們是結緣在中三的教室裡——那時候正值選科年，你也曾前來問我意見。雖然我認為文科較適合你，可是結合了父母的期望以及朋輩師長的游說，你還是聽從眾議選了理科。因此，我仍不時自責當天沒有盡力說項，也自覺需為你往後學習上的不如意負上好些責任。

我也曾反思何以家長大多關心子女升中小派位以及公開考試成績，而中三選科本也是影響公開試、大學選科甚或終生職業的重要決定。可是當家長位處這個轉捩點，他們不是游說子女罷絕文史、獨專理商，就是忽爾冷感起來。痛定思痛，我也離開天堂般的母校然後落入凡間唸大學，實在讓我很難適應。或許不是大學不好，而是中學生活太美好了。在大學，少了對學生關懷備至的老師和亦師亦友的關係，卻換成只有一周才見兩三小時、嚴肅刻板的教授；沒有幾個交心朋友，卻換來一大群點頭之交；沒有日日待在同一班房努力奮鬥的同學，卻只有一班自顧自的組員——沒有了那份「家」一樣的歸屬感，我對大學這個地方感到陌生。

大學生活確是自由了，但人情味卻薄弱多了。有時候，我會感到無助，遇到學習難題時，很難找到教授解答，而他們也不會有空跟學生談學習以外的事；有時候，我會感到孤獨，只因上課下課不再是一夥兒的事，坐在身旁的同學也是天天不同；有時候，我會感到煩躁，每當遇上不負責任的組員，卻又無法催迫他們付出，就只好獨個兒把工作做

決意從此多走一步，主動為中三同學多指出各科利害，讓他們明白如何謹慎地明智選科。

有時候我也在想，如果這一切也可推倒重來，你現在所面對的困境會否不盡相同？可是現實並無如果，既然我們無法回頭走，那便要學懂往前看。進大學以前，當社長的你是校內風雲人物，老師對你愛護有加，學弟妹對你心存敬慕。來到這個全然陌生的新環境，一時間未能適應也是在所難免。

然而要學懂融入適應新環境，你要必先明白，苦樂往往只在主觀的心，不在客觀的事。還記得我們初在課室相遇的情景嗎？起初班上許多同學對我這個不苟言笑、嚴肅認真的老師不是望而生畏，就是心生怨懟，既怨自己倒楣，也恨我過分嚴厲。面對新人事、新作風，我們天生的自我保護機制總是讓我們抗拒接受並慨嘆新不如舊，然後便是無盡地

好；有時候，我會不想上學，因為這一切一切都非我所熟悉……

老師朋友，記得您跟我說過，「大概容易笑的人壓根兒都是多愁善感」，其實我也不曉得我是否太多愁善感、憂慮過分或是欠缺積極。幸而，這些負面情緒已不如開學時強烈，但上述都是這年來的心路歷程。一年過去，我很想把握檢討反省的時間，您可以給我一些意見嗎？我相信您會了解我，並給我一些啟發和提議的。夜深了，我也該在此收筆。

祝

工作順利！

學生

欣怡上

五月三十一日

憶舊事、想過去。新知定必不如舊雨？大概那只是先入為主，況且相交六年的同事又豈能與初初相識、尚待了解的新朋友比較？

猶記得那時候，我跟你們班中好些同學的師生關係也曾鬧得緊張。幸而經過多月的坦誠共處、漸次磨合，大家最終也能消除歧見，亦明白嚴厲背後只是用心良苦，否則我們也未能建立這份亦師亦友的關係。再好的茶葉沒有了適切的泡茶時間與水溫相互配合，大概也難以沏出茶香。身邊縱有再好的教授同學，沒有了相交的時間和熱誠，又怎能發掘對方的優點、投契之處，繼而感受那潛藏的濃厚人情味？

覺得教授難以親近嗎？遇有難題時，不妨鼓起勇氣前往他們的辦公室求教，我相信在知識以外，你將會有更多意外收穫。欠缺機會跟同學相處？何

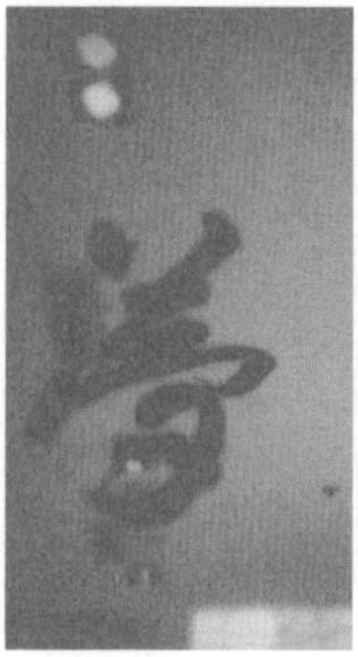

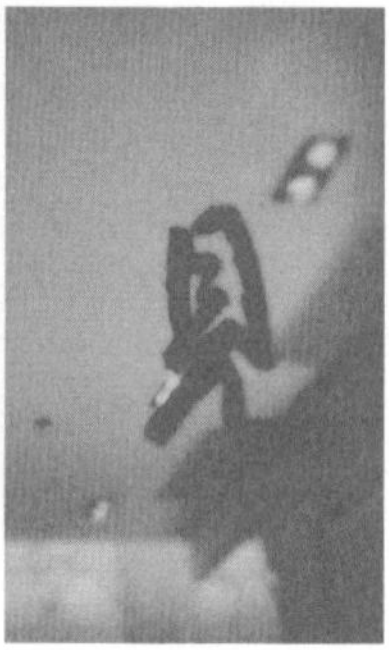

不發揮你昔日在校的看家本領，主動邀約同學聚會聊天，我想沒有人會抗拒這份正能量吧？縱使我們眷念昔日種種成就回憶，珍視一起同甘共苦的莫逆之交，也決不可只是畫地為牢、活在過去。四年大學生涯孰苦孰甜，那就要看看你是否願意為其增添興味。當你願意打開心窗，或許你便會慢慢愛上這第二個家。

儘管我們應當自我調適、迎合環境變遷，卻絕不可向現實妥協，放棄追尋夢想。看著你的處境，我確是有著切膚之痛——曾經我也是個鍾情語文的理科生，當同學都在興致勃勃地鑽研數理，我卻獨個兒沉醉在語文世界，亦不時為此感到困惑沮喪。不甘就此埋沒天份、捨棄所好，我立志要逐步修正自己的人生道路，向目標進發。我先是在大學棄理從文唸新聞系，畢業後再修讀翻譯碩士，最終才得以當語文老師，將自己所學所想在學校裡薪火相傳。塞翁失馬，焉知非福——多年來的理科訓練讓我不但注重情感表達，亦同樣重視邏輯結構，好讓感性與知性糅合起來，使我在學習及工作上更易佔優。

這陣子，全城都在談論九優狀元如何毅然放棄高薪厚職，當巴士司機逐夢去。然而更讓我動容的是一位二十三歲的南京白領姑娘預視了自己面前平板乏味的人生路，於是辭了工獨個兒往外闖，隻身遊歷了十多個國家。在「前／錢途」與「夢想」間角力，最不可或缺的正是一份逐夢的勇氣。既然你知道現在所喝的並非意屬的那杯茶，那就更不應躊躇不前。是時候放手一搏，積極找尋自己的頭上一片天。能否轉系、出國留學與否雖是未知之數，但切記要學懂在自己還能放手的時候放下！在逐夢的路途上，你定必會遇上許多挑戰機遇，亦意味著更多困難挫折——再次離開剛適應的人事環境，面對眼前未明的前途，難免會使人感到不安，但只要鼓起勇氣，咬緊牙關闖過去，你才會無悔今天的果敢決定。

勿以路遠而不前，勿以夢遙而不尋。青春就是你追尋夢想的最大本錢，小妮子，好好去尋夢吧！

祝

逐夢成功！

衞顯鋒

六月四日

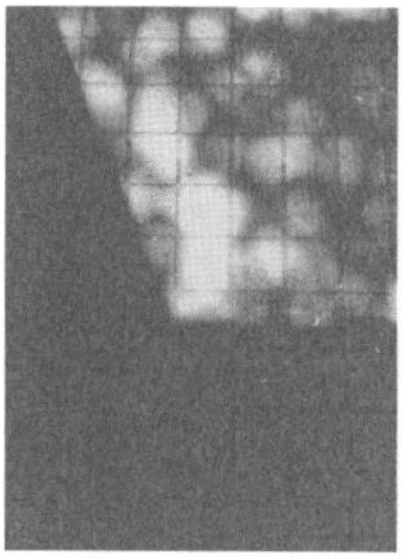

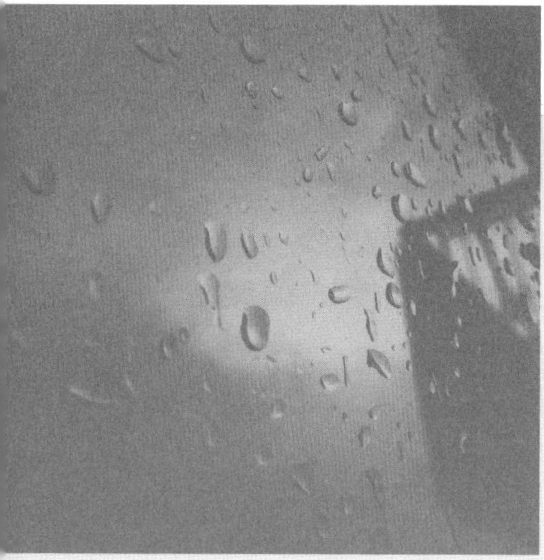

日本文化將給我甚麼答案？

薛頌平同學

區老師：

數月不見，生活怎樣？踏入五月，不計暑期課程，大學首年算是結束了。幾天前我考完了最後一節考試，不禁憶起一年前的自己，考過最後的公開試，踏出高考文學試場時的沉重，忽然想起老師憶述當年踏出高考試場後對完美的執著，對錯漏的不甘，那天的失落，我可謂感同身受了。然則一年過去，我卻隨著木棉飄絮，輕輕溜到圖書館去；這年的物事，實在夠令人窒息，我與其再在一、兩分間

求真求知

區瑞湄老師

頌平同學：

你好！自你升上大學後，我們就少了偶然在走廊相遇，或站著或坐在沙發上聊個天南地北，不亦樂乎的日子。如今以筆墨交流，又是另一番滋味。

個多月前我跟高考文學的恩師飯敘（每年恩師從加國回港，我們最少一聚），席間師生一眾難免緬懷過去。那段青葱歲月，已如煙如霧，有時候真有如李後主所言「雕欄玉砌應猶在，只是朱顏改」，彷彿一切都「不堪回首」了，但又教人百般依戀。

鑽牛角尖而不得解脱，何不暫時放下，去逍遙快活，在書海中徜徉自在呢？

這年大學的學習，是我人生尚短的二十年來，最辛苦的經歷。去年我毅然報讀日本研究系，希望暫且走出中國文化的氛圍，多看看世界，為自己的思想帶來衝擊，期望能迸發出一些新的火花。這是受到了近代不同學者經歷的啟發。我看梁實秋、錢鍾書、余光中等，都是對世界文化有一定的涉獵，然後寫出多篇精彩的文章，即見其視野之廣，胸襟之闊。加上心中常好奇：日本人是怎樣看二戰的呢？雖然很多政客矢口否認侵略他國之實，又參拜供奉甲級戰犯的靖國神社，但是普通的老百姓有甚麼看法呢？究竟有多少日本人認同這些想法呢？如果想法不同，會是怎樣的呢？眾多的疑問都推使我走上研究日本之路。

固然我們不能叫時光倒流或停留不動，但總往前衝，有時候也會因不辨方向而迷失，所以你常回母校探望老師和學弟妹，不正可以藉此停下來想一想嗎？既可以緬懷過去，也可以前瞻未來，然後重新得力，那就可以走更遠的路呢！此外，我們對得失固然不必鑽牛角尖，但所謂「對完美的執著，對錯漏的不甘」，有時候又是一種推動力，如何平衡得宜，就是一生學問了。你該不會忘記我常說孔夫子的「過猶不及」是至理名言吧！

孔子也曾說過：「學而不思則罔，思而不學則殆」，從你的來信看，你這一年的學習生活就沒有「學而不思」、「思而不學」的毛病，庶幾近矣！

你從沒學過日本語，竟下定決心入讀日本研究學系，這份勇氣就已叫人佩服。看到你每天苦讀日語，那份刻苦、那份堅持，為師是自愧不如了！這

研究日本，當然不可以不懂它的語言，因此學系安排我們在第一年參與密集式的日語班，好準備第二年到日本留學一年，在當地就有興趣的研究題目蒐集資料，第三年回港後完成報告。這年，我逢星期一、三、四和五都有三個小時的日語課，除了星期四的導修課是溫習每星期新學的日語文法外，其餘每天，我們都會極速完成一課。上課前，我們要先預習，把每課幾十個新學詞語塞進腦袋，以應付每課的默書。下課後，我們就要做作業，在下堂遞交。作業主要練習文法和聆聽，有時還有作句和閱讀理解。因為我沒有學過日語，也甚少接觸日語媒體，所以日語讀得十分吃力。（學系一開始會為讀過日語的同學舉行考試，考上的不會跟我們同班，不過都有不少學過日語一、兩年的都考不上；其餘班上沒有正式學過日語的同學，因為長年看日

段刻板用功的日子猶如學功夫的「紮馬」階段，彷彿毫無變化、枯燥乏味，但又是為學要登堂入室的必經階段，而且至為重要，否則日後所學彷如沙丘上建塔，不中用呢！你的日語老師所謂的「不要想得太多，免得模糊了學習目標」，只可以說在不同的學習階段有不同的學習目標而已。

你說到日本茶道的種種，我可是門外漢，也從無考究。坦白說，我對日本的認識還只是停留在從前學習歷史科的明治維新、中日戰爭的材料，對日本民族的特性是從沒作實質的探究，所以你說日本文化是「重視勤勞努力多於批判思考」的，我可是不知所以。所謂學無前後，達者為先，就是這個道理吧！我固然愛北海道、九州的風光如畫，也愛日本產品包裝的精緻、品質的優良，但我從來對日本民族既恨且懼。恨的當然是它於中華民族的傷害，

本動漫、電視劇等，日語語感、詞彙都積累不少，竟也能跟老師用日語溝通！還有一位沒有正式學過日語的同學，都考上了那個試，真驚人！）猶記得第一次做聆聽練習，我一聽錄音，衝耳而來的，只有一堆奇怪的聲音！老師要我們記錄下整段錄音，但錄音的語速實在太快，我聽了多次都不明所以，最後我得出了一個方法：詞語甫出，我就立刻按停錄音，然後再思考幾秒，好想出那究竟是甚麼詞語，才寫下來。於是，我每天下課後，單是做功課，習新詞，都用上好幾個小時，其他的課都理會不了。很多時候還只是囫圇吞棗的學習，東西學過，過幾天就徹底忘記。這實在毫無趣味可言，因為日語還是初階的程度，文學當然是沾不上邊，思考更是不太鼓勵的——老師不時怪責我思考太多，擔心我模糊了學習目標；她認為我現在只要牢牢記住詞語

誰能忘記九一八事變？誰能忘記南京大屠殺？懼的是這個民族的復原能力之強。二次大戰的原子彈沒有摧毀他們的自信，靖國神社的甲級戰犯沒有叫他們引以為恥，抬不起頭來，反之他們堅毅不拔地再次站起來，果真是「在那裡跌倒，就在那裡站起來」！這份堅忍若不用於正途，怎能不叫人心寒？他們的狼子野心（只要看看現任首相安倍晉三和他的閣員對侵略、對慰安婦的種種砌詞諉過，這樣的形容還是恰當的吧），實在對其他民族是莫大威脅。叫人遺憾的是，我們痛恨日本執政黨不肯面對歷史，企圖掩飾真相，但我們的國家不也如此嗎？

至於日本民族看似禮貌周周，即使遭遇突變，就如發生仙台九級地震時，他們秩序井然地面對天災，叫世人稱奇，但也有人說這是長期遏抑情緒所致；又如我們的國家在大肆吹噓城鎮化的經濟效

啊、句型啊就可以了。（這可能是重視勤勞努力多於批判思考的日本文化之故。）這些跟我原來對大學學習模式的期望簡直是南轅北轍！猶記得老師說過，唸大學時不用受功課、測驗束縛，可以隨心所欲埋首書堆，追看五四作家的筆戰，讀得不亦樂乎。又以前我跟中學同學，不時論學術，說國是，談世界，後來只因公開考試，才略為收斂，心裡期盼上大學後，還有無窮機會。怎料上大學後，只能把整副心機放在日語學習的刻板功夫上，每天都十分疲累，看課外書的動力和時間大大退減，更何來與同儕痛痛快快地談天說地、交流思想呢？其實有興趣討論的同學並不多。他們對比較嚴肅的話題也不是沒有看法，只是心繫歌手、動漫，因此大家在課堂中往往缺乏昔日中學同窗投入討論的熱情。過去一年我經常回母校探望老師和學弟妹，就是希望在母

益，但據說日本在保育鄉鎮方面成績斐然，我覺得這些都是探討中日戰爭之外有趣的課題。你也是個讀歷史的人，自有求真求知的渴求，到東瀛留學一年，該可以對這個民族來個更全面的認識，既可以滿足你對日本種種探索的興趣，又可以反照自身，或捨短取長，或互相補足。

白先勇先生曾說留學生到國外後，容易受到外來文化的衝擊，會產生所謂「認同危機」，得重新估計本身的價值觀和信仰，所以他在美國唸的是西洋文學，而到圖書館借的，「卻是一大疊一大疊有關中國歷史、政治、哲學、藝術的書，還有許多五四時代的小說」，他自言患了「文化飢餓症」。而你看來比他覺悟得更早，已計劃在遠赴東瀛前，在暑假期間多讀中國文化的典籍，最重要的不是在日本同學面前從容答問，而是要固本培元，知道根

校緬懷昔日的美好時光。然而，終日沉醉於過去，不能向前看，不就如小孩長大後卻仍躲在父母的牽繫下，不敢獨自走出世界嗎？這種對母校過分的結連，似乎未必對自己有益。現在的我，真的有點迷失了。

儘管如此，這一年還是解答了一部分心裡對日本的疑問。據我這年的學習和理解，二戰以後，左派曾一度成為社會主流。他們承認歷史錯誤，堅持維護和平憲法。可惜現在左派已敵不過把持政局的右派。右派認為不斷重提二戰罪行會令年輕人對國家持負面印象，因此他們設法模糊日本身為侵略者的角色，塑造其原子彈爆炸受害者的形象。廣島的和平紀念公園就是一個好例子，裡面的展覽強調核彈對日本以至世界的危害，卻少提日本對世界的侵略。不過，也有一些博物館會全面展示日本在戰爭

本，也就不會數典忘祖。你是個知所進退的人，相信你定能通過比較研究，知己知彼，學有所成。

此外，你提到現時班上同學心繫日本歌手、動漫，不像昔日中學同學般熱衷討論嚴肅話題，看來有點話不投機，字裡行間透著一份不以為然，但不容否認的是他們學習日語是較為輕鬆的，而且學習效益不錯，你不也說「班上有同學因為長年看日本動漫、電視劇等，日語語感、詞彙都積累不少，能跟老師用日語溝通」嗎？如果學習過程愉快又有效，不也有值得借鏡的地方嗎？我們不也常聽見「聽歌學英文」？現在我上的普通話班，每節課的尾聲就是以普通話合唱一首歌曲，老師先重點提示要注意的幾個字詞的唸法，然後全班同學合唱一曲；我的女兒也說她的普通話要比她那拿了普通話高級文憑的爸爸靈光，也是因為多看普通話

中的角色，對於慰安婦、南京大屠殺不會避而不談。據説其中一所，就在我即將留學的地方：大阪。為了了解更多，我暫定以該博物館作研究對象，分析該博物館的展覽和活動，看看會得出甚麼結論，回港後完成研究報告。

認識日本文化不但開闊了我的視野，更引領我回望自己的民族，審視中國的文化。雖然我知道古代日本視中國為天朝大國，事事效法，但意料之外的是，很多中國現已失去的文化習俗，竟在日本得以保留，甚至發揚光大！如果老師到過迴轉壽司店用膳，一定會留意到喝茶時不用茶葉而用茶末；而日本人喝茶前會用茶筅點茶，跟我們喝茶時水泡茶葉的做法不同。這是因為日本茶道只承傳了宋代的點茶法，而沒受到明代興起的泡茶法影響。換言之，日本今天的茶道正重現中國宋代時品茶的場

劇集。這就印證了通過日常語境去學習外語是個好方法。固然你是個追求完美的人，看你曾找專人糾正普通話發音就可以知道那份一絲不苟的精神，不過，要研究一個民族的文化，沒道理只往歷史、往博物館去追本溯源，而放棄眼前的人事。流行文化正反映日本新生代的種種，也可以看到日本傳統固有文化也無可避免地抵受新思潮的衝擊，如何繼往開來，就是一個很好的中日文化研究課題吧！了解流行文化的一二，既可以作為你與同學交往的潤滑劑，也可以調劑一下枯燥的學習，自不必視之如洪水猛獸呢！人與人間的相處，能否交淺言深，也看緣分吧！

「父母在，不遠遊」的孔子遺訓，於今天資訊發達的年代是不合時宜了。你到日本後，固然要與家人保持聯繫，也不妨繼續與我以中文通信，介紹

景！每每想及此，心裡都會生出禮失求諸野的感覺——我不但驚歎中國文化的博大精深、影響深遠，更感慨在其演變的過程中，又有多少精彩而日本沒有保留的東西，是今天我們不復得的呢！還有更多的時候，從日本文學讀到其美學思想、禪的哲學，心裡就會自問：中國的文化思想是甚麼？跟日本的有甚麼異同處呢？雖然我在中學的課程中接觸過中國文化思想，但是「書到用時方恨少」，記起的往往寥寥無幾，我就為從前「水過鴨背」的學習而感到慚愧，基礎打得不穩，又怎能與其他文化作比較研究呢？

這年多讀日語，有感中文也生疏了。暑假剛開始，雖然還要應付暑期課程，但我相信，科目大減，壓力應會較小，所以我決定在暑假重拾經典，打好中國文化基礎，以裝備自己，在未來更能比較

日本的所見所聞，那就不怕顧此失彼，中文退步了，而我又可以多認識日本，正是一舉兩得呢！除了學術探究，到日本後，你還可以大啖拉麵，可以欣賞櫻花，可以泡溫泉，可以……，那就可以多角度、全方位的了解日本文化。別忘了朱熹的話：「書冊埋頭何日了，不如拋卻去尋春。」在未來一年的日子，祝你

賞心適意，滿載而歸！

區瑞湄

五月二十八日

中日文化，也好讓自己在來年的留學中，即使面對日本朋友關於中國文化的提問時，都能大方自如地解答，不會因胸無點墨以致支吾以對、面紅耳赤！

祝

身體健康

學生

薛頌平上

五月二十一日

有甚麼書好讀？

文靜元同學

祺祺老師：

自從上次會面後，已經有兩個月沒有跟您聯絡，您的近況好嗎？現在還是一個星期七天都回學校工作嗎？

謝謝您一直關心我的健康。我的腰患已經完全康復，現在已經不用吃止痛片，不用到醫院接受物理治療，替我動手術的醫生說我可以做任何運動。這兩三個月我還是到不同的護老院和智障人士宿舍當義工，我打算在聖誕節和朋友去日本旅行，回來

一本好書的條件

鄧昭祺老師（祺祺博士）

靜元同學：

很高興知道你現在已經行動如常，甚至可以到外國旅遊。不過你剛剛動過大手術，到日本旅遊時，最好還是不要滑雪，因為這種運動對一個剛動過腰背手術的人來說，實在太危險。我現在仍然每天回學校，因為在辦公室工作比較容易集中精神，效率比較高。

你在信裡提到「開卷有益」這四個字，引起了我那些年的回憶。記得我唸中學時，對宋太宗這句

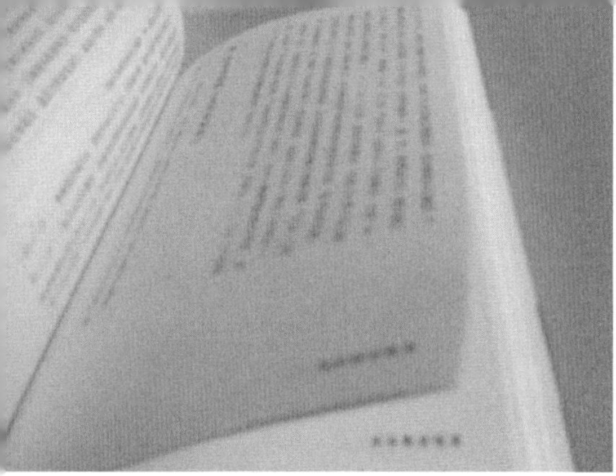

話，深信不疑，不過後來讀了一些文革時期國內出版的書，看法就徹底改變過來。我認為，如果我們「開」的「卷」，不是好卷而是壞卷，不是有益身心的精神食糧，而是戕害心靈的精神毒藥，那麼我們得到的並不是「益」而是「害」。我還清楚記得當時曾經讀過一本叫《中國哲學史講話》的書，裡面說：「所謂孔丘的『德治』主張，也是幾千年來為反動統治階級和儒家派大力宣揚，用以欺騙勞動人民的東西。這些反動家伙把孔丘說成是主張對勞動人民施行『德治』的『聖人』，標榜自己尊孔似乎也是為了對人民行『德治』，其實這是個極大的騙局，必須徹底揭露和批判……徹底批判孔丘的反動思想，肅清其流毒，仍然是我們的戰鬥任務。」這種心術不正、顛倒是非的言論，不但誤人子弟，而且遺患無窮。當然，有些人「三日不讀書，便覺

語言無味，面目可憎」，他們見書就讀，貪多務得，好壞不捐。他們自以為已經練成了金剛不壞身，百毒不侵，壞書對他們沒有絲毫壞影響。不過，就算他們可以利用好書所提供的養料和解毒劑來抵消壞書所放出的毒素，但是這些毒素對他們身心造成的破壞，恐怕不能百分之百修補過來。正如醫生可以用抗癌藥物消滅癌細胞，但病人總歸吃了癌瘤的大虧，損失了一條腿、一個肺葉或一截大腸……癌瘤對身體造成的損害，是無法完全彌補的。所以，我們最好還是不要和壞書打交道。更何況人生苦短，值得閱讀的好書多的是，我們一生無論怎樣讀也讀不完，如果將寶貴的時間和精力花在一些有害的書上，毫無疑問是划不來的。「開卷有益」並不是放諸四海而皆準的真理，開卷有益無益，取決於好卷壞卷。既然這樣，那麼我們就應該選擇好書來讀。

怎樣的書才算好書？這個問題的答案言人人殊，不容易有一致的看法或公認的標準。當代學者封葦在《書籍、知識、文化》裡曾經說過：「一般說來，有益世道人心的，有益於國家、社會的，傳播知識的，寫得好的，內容豐富、資料翔實的……都可以說是好書。」可是這個說法似乎過於籠統，對準備選擇好書的讀者，不見得有很大幫助。為了使人切切實實閱讀好書，一些所謂「必讀書目」應運而生。胡適在一九二三年發表的〈一個最低限度的國學書目〉，就是其中一個著名例子。這個「並不為國學有根柢的人設想，只為普通青年人想得一點系統的國學知識的人設想」的「最低限度」書目，內容大得驚人，包括「二十二子」、《四書》、《全上古三代秦漢三國六朝文》、《全漢三國晉南北朝詩》、《樂府詩集》、《文選》、《全唐詩》、《唐後再找一份正式的工作做。昨天翻閱雜誌，見到「開卷有益」這個成語，不知怎的忽然想起老師，於是馬上給您寫信，希望您能為我介紹一些適合我讀的好書。我知道老師一年三百六十五日都很忙，除了教書外，還要做大量行政工作，而且經常要到不同院校演講，更要到電台和電視台錄音、錄影，不過您對我們學生的要求，向來都是有求必應的，就請您「有空」時回覆我吧，謝謝您。再見，下次再談。

敬祝

聖誕快樂！

文靜元

十二月十六日

文粹》、《宋詩鈔》、《宋六十家詞》、《宋文鑑》、《元曲選一百種》、《六十種曲》、《明詩綜》、《彊村所刻詞》等。我想即使是中文系學生，終其一生，恐怕也沒有幾人能從頭到尾仔細讀完這批書。這種好高騖遠的「好書」目錄，似乎沒有太大的實際意義，反而可能會嚇怕一些立志讀好書的「普通青年人」，使他們敬好書而遠之。

除了學生閱讀課本應付考試及一般人因工作需要而閱讀有關資料外，閱讀應該是人生一種高級享受。如果一本書不能引起讀者的興趣，使他以愉悅的心情繼續追看下去，那麼這本書就不配稱好書。即使這個讀者有極堅強的意志，把這本不合口味的書硬嚥下去，他大概也會因為消化不良而導致食慾不振，甚至患上厭食症。我認為，除了課本和工作上所需的書外，一本好書必定要適合讀者的口味。

當然，讀者的口味因人而異，不會完全相同，而且就算是同一個讀者，口味也可能受年齡、閱歷、環境、心情等因素影響而有很大的變化。因此，一本書對某人來說是好書，但對另一人來說可能不是那麼好，而是有點壞，甚至壞到透頂。例如，胡適〈書目〉中所舉出的《宋元學案》、《明儒學案》等，對於研究中國古代哲學思想的學者，大概是一流的好書，但對於從事文藝創作或研究當代文學的人，可能只是一大堆無關痛癢的文字。換句話說，一本書的好壞，取決於它的讀者。讀者所「好（去聲）」的書，可以成為好書；讀者「不好（去聲）」的書，大抵無法成為他們心目中的好書。當然，讀者「好（去聲）」一本書，只是它成為好書的必要條件而不是充分條件，因為一本文理不通、廢話連篇或誨淫誨盜的書，無論如何稱不上是好書。

靜元，看到這裡，你大概會怪我只是寫了「一大堆無關痛癢的文字」。下面就讓我提供一些具體意見給你止止癢。我知道你一向抗拒殘體字，只喜歡正體字，所以我現在向你介紹的書，正版和一小部分「山寨版」都是用正體字印刷的。憑我對你的認識，我覺得你大抵會喜歡閱讀小思（盧瑋鑾）的散文、白先勇的短篇小說和於梨華的長篇小說。這些書我家裡都有，如果你想借閱的話，請提早一個星期通知我，因為從我那三十多個書櫃裡把它們「發掘」出來，並不是一件容易的事！現在已經是三更時分，就此打住，下次再談。

祝

旅途愉快！

祺祺「校監」

十二月二十一日

孔子

中文名　孔丘

英文名　Confucius

別稱　孔子，仲尼

國籍　中國（山東曲阜）

出生年　公元前 551 年

去世年　公元前 479 年

代表作品　《春秋》；刪減《詩》；序《書》；定《禮》、《樂》；序《周易》；

名人評語　余讀孔氏書，想見其為人。適魯，觀仲尼廟堂車服禮器，諸生以時習禮其家，余低回留之，不能去云。天下君王至於賢人，眾矣！當時則榮，沒則已焉！孔子布衣，傳十餘世，學者宗之。自天子王侯，中國言六藝者，折中於夫子，可謂至聖矣！

——司馬遷

生平

公元前 551 年　生於魯國陬邑昌平鄉。

公元前 518 年　34 歲，開始收徒弟。

公元前 489 年　63 歲，與眾弟子在陳、蔡之間被困，絕糧，稱「陳蔡之厄」。

公元前 479 年　73 歲，葬於魯城北，弟子守墓三年（子貢守墓六年）。

金句摘錄

- 見賢思齊焉，見不賢而內自省也。（見到賢人，應該想與他看齊；見到不賢的人，便應該自我反省，看有沒有犯上同樣的毛病。）
- 益者三友。友直、友諒、友多聞，益矣。（有益的朋友有三種：和正直的人交朋友、和誠懇的人交朋友、和見多識廣的人交朋友，就能獲益良多。）
- 己所不欲，勿施於人。（自己不喜歡的東西，千萬不要強加在別人身上。）
- 知之為知之，不知為不知，是知也！（懂得就說懂得，不懂得就說不懂得，這是明智的態度。）
- 人無遠慮，必有近憂。（一個人如果不能作長遠的考慮，得過且過的話，必定很容易就會出現眼前的憂患。）
- 志於道，據於德，依於仁，游於藝。（樹立崇高理想，依據高尚品德，心懷仁慈友愛，陶冶高尚情操。）

顏之推

中文名　顏之推

國籍　中國（瑯琊臨沂，今山東省）

出生年　531 年

去世年　約 591 年

代表作品　《顏氏家訓》

名人評語　他（顏之推）是當時南北朝最通博最有思想的學者，經歷南北兩朝，深知南北政治、俗尚的弊病……《顏氏家訓》的佳處在於立論平實，平而不流於凡庸，實而多異於世俗，在南方浮華北方粗疏的氣氛中，《顏氏家訓》保持平實的作風，自成一家言，所以被看作處世的良軌，廣泛地流傳在士人群中。

——范文瀾

生平

548 年　侯景之亂。梁元帝蕭繹在江陵自立，顏之推任散騎侍郎。

554 年　西魏攻陷江陵，顏之推被俘，並在北齊任官。

577 年　北周滅北齊，顏之推被徵為御史上士。

581 年　隋取代北周。隋文帝開皇年間，顏之推獲召為學士。他曾自嘆「三為亡國之人」。

金句摘錄

- 上智不教而成，下愚雖教無益，中庸之人，不教不知也。（〈教子〉）（智力超乎常人的人，不需多教導也能成才；智力低下的人，勉強教導也於事無補；智力中等的人，不教導就不明白事理。）
- 人之愛子，罕亦難均。有偏寵者，雖欲以厚之，更所以禍之。（〈教子〉）（人皆愛子，卻少有能一視同仁。偏寵孩子的人，雖然本意是想他好，不意卻會因此害了他。）
- 自古明王聖帝猶須勤學，況凡庶乎！（〈勉學〉）（自古以來，聖明帝王尚須勤奮學習，何況是普通人呢！）
- 巧偽不如拙誠。（〈名實〉）（巧妙的掩飾還不如笨拙而不加隱藏的真實。）

人生抉擇

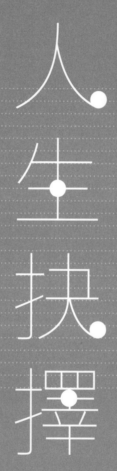

『你的信，就是明證，
就是救贖。』

一次談話，改變一生

馮振超同學

許老師：

中學畢業之後，我輾轉修讀了不同課程，現正考慮報讀博士課程。這二三十年間，我也從事了傳媒的工作，如今正擔任一份報紙的總編工作。在忙碌的日子中，有時遇上一些情境，總是想起於中學時，你所給我的點點滴滴的啟發。這些啟發，一直支持著我現在的工作。

回想以前在學校時，我也曾經歷過迷惘、困惑。你也知道，初中時的我成績並不很出色。當時我年

讓年青人經歷點滴的成功

許守仁老師

振超：

感謝你和我分享你的成長和工作經歷！其實每當有同學告訴我，以前我是如何教書的時候，總讓我如坐針氈——擔心自己以前的教學方法是否對學生有壞影響。教書這份職業，確是肩負重任的，因為老師每個教學行為、每句說話，都可能會影響不同的學生，所以我們既是人之師，亦為人之患，這讓我更深刻地反思教育的問題。

你在信中提及，這一代青少年或年青人對未來

少好玩，也未知自己有何發展方向，只覺得讀書不是最想做的事，所以我的專注力並不想放在追求卓越的成績上。那時候，我發現身邊的同學與自己一樣，心思不在學習上，我們最快樂就是放學後一起到處流連。

直至有一天放學，我在教員室外見到你，我們有機會閒談。我記得曾經問過你為甚麼選擇教書？你說教書讓你感到快樂。我當時既疑惑又不敢苟同，和你爭辯了一番。其間說到我的期望時，我曾跟你賭氣地辯論，究竟日後我的人生路應該怎麼走。我是個懶散的人，學習態度好不到哪裡去，自己沒有高遠的期望。當時我坦白地說，若果讀書不成，大不了在街邊當小販賣魚蛋，說不定收入還比讀完大學才投身社會好呢！有了這種想法後，我心中頓時感到坦然，因為我好像為自己找到了一條可

抱有低期望，沒有信心為將來去拚搏。我認為原因有很多，畢竟社會正在快速發展，現在青少年或年青人所面對的挑戰，比起你當年更加困難。我非常欣賞你在工作之餘仍關心年青人的發展，我也十分同意你所說的，支持下一代健康成長，是任何人都應該做的事。就如我曾經在網絡上看過一則與教育相關的短片所說：「孩子佔我們社會的人口可能是百分之二十，但他們是社會百分之百的未來。」你提及時下青少年或剛入職場的年青人，我對他們的行為和困惑也有相同的觀察和感受，可是要找根治良方，卻殊不容易。但是我仍相信，倘若我們能培養學生的自我效能感，他們會有信心在快速變動的社會追求自己的夢。我或者可以和你分享我讀書時代的經歷、我所遇到的老師，藉此彼此互勉，希望我們能繼續為培養未來主人翁而貢獻一點綿力。

行的出路，知道自己要行的路。

你當時沒有否定我的想法，也沒有跟我糾纏於究竟應該做怎樣的工作，以及能夠拿多少報酬等問題。你只是對我說，如果我當小販，我的生活圈子、人際社交自然就是圍繞在街上，如果我多讀一點書，我就可以選擇更多的工作範疇、更多不同的生活環境，除了認識街上的朋友，還可結識不同類型的人，生活圈子也會擴闊。你這幾句話，令當時的我開竅。你話中的意義和思考的層次，完全在我滿腦子只有賺錢的邏輯之上，就像時下所謂的不同Level，我根本找不到任何辯駁的理由，這番話纏繞我數天，最後我更折服於你，也造就了我往後不斷學習的人生目標。回想起來，我多年從事傳媒工作，其實也是受到那次談話的啟發。

其後，我發現自己喜歡與你討論問題，你不但

在中學教書時，我也曾向同學提到我是由外地來香港生活的。當時因年齡問題，我不能入讀小學，唯有在一所私立學校讀中學。由於不諳廣東話，初期上課時我只好沉默寡言，也沒有朋友。為了想結識同學，我鼓起勇氣參加學校的義工服務團體，幸得當時老師給我機會，接受我成為團員。每次到不同機構做義工時，我通常擔任總務的工作，為同學準備服務的物資。這份工作讓我學習如何聯絡、組織、有程序地安排工作，過程中我漸漸發現自己的能力和缺點。有時看見義工服務成功地完成，我也慢慢建立信心，如能獲得老師和同學讚賞，更令我有良好感覺。

這段經歷給我很多啟示，也成為我日後做老師時的寶貴經驗。作為老師或上司，我認為我們應從欣賞的角度去看待年青人。有時我們可能急於求

明白我思考甚麼，更知道我為甚麼這樣思考。你雖然只教我中國語文，但在你身上，我所得到的啟發比書本所給的還要多。你對我的影響已遠遠大於一個語文學習範疇。

在工作上，我接觸到不同階層的人，也研究過不同範疇的社會問題。其中青少年的發展讓我感受最深，也是我十分關心的課題。我所接觸的青少年，有些是大學生，也有一些於中學畢業後便投身社會。我和他們溝通時，不論哪類青少年，所給我的印象都是不敢對自己的未來抱有很大的期望，當然這背後原因各有不同。他們面對不確定的將來，有些採取逃避的態度，在學習和工作時都比較消極，不太願意拚搏，有些則寄情於刺激官能的虛擬世界，希望藉此暫時遠離現實的煩惱。

我明白每個年代的青少年，大部分都會經歷困

成，往往會覺得年青人的能力未達到我們的期望，甚至感到「一代不如一代」。然而，就如當年義工團的負責老師，她沒有嫌棄我不能說流利廣東話而拒絕接受我加入義工團，她對我願意參加的心予以肯定，這使我更努力去服務別人。此外，作為老師或上司，在教學和工作過程中，如能為年青人提供不同的機會，讓他們經歷點滴的成功，他們會發現和肯定自己的能力，藉此慢慢建立信心。正如我在義工團服務時，有時我做得好，有時卻做得不足，但老師會特別強調我做得好的地方，使我明白我在哪方面有比較強的能力。有時，成年人為了希望幫助年青人學習和成長，大多數會向年青人傳遞他們仍有做得不足的信息，只希望他們改進缺點，反而甚少告訴他們已成功的地方。在學校，我們習慣批改學生的錯處；在職場，我們大多告知年青人他們

惑、迷惘、無助的階段。現在我力所能及，便嘗試透過不同的方式推動青少年工作，以及宣揚中華文化活動，例如介紹歷史人物抗逆的經歷，希望讓年青人能在這些人物身上得到一些啟發，拾起信心，尋找夢想。我記得你曾提到，「萬世師表」孔子提倡有教無類。我的職業不是老師，我不知道這樣做能否幫到年青人，但我相信支持有需要的年青人，是成年人應該做的事情，我只希望略盡綿力，為我們下一代做一點事，就像你近年關注和支持弱勢社群學生的教育。你曾帶南亞裔同學與我交流，你為他們籌募學費，使他們完成大學的學習。我除了感動之外，根本沒有其他話能形容我對你的敬重。你從來沒有放棄過任何學生，更對他們寄以厚望。就是這份期望，讓學生肯定自我，繼續求進。我感恩在中學時期能有緣成為你的學生，也感謝你選擇和

的錯失。長此下去，年青人很少看見自己的成功，也會懷疑自己的能力，因此他們確實不敢對未來抱有太高的期望，怕自己根本做不到。相反地，他們寧願投入大量時間在虛擬和網絡遊戲世界，因為在那裡他們看見自己成功過了一關又一關，即使有時失手，亦可重新來過，所以他們願意付出大量時間去研究如何闖關，鬥志昂揚。我們值得再思考，是否應該在告訴學生錯處的同時，也明確肯定他們能夠做到的地方，以培養他們的自我效能感和信心。

韓愈在〈師說〉一文中說：「師者，所以傳道、受業、解惑也。」當了老師，我方明白「傳道與受業」不算太難，最難的是「解惑」。這個「惑」字，從現代的角度看來，不應只是學業上的疑惑，而是學生在成長過程中面對生活、前途等眾多的困惑。作為過來人，如你正面對充滿困惑的年青人，希望

堅持在一些被視為成績次等的學校裡任教。

在成長的過程中，我感恩的是，能有你的支持，可以結伴為教育做一點事，這是一種幸福！

學生
振超

五月二十日

你也能為他們提供看到自己成功的機會。

我很喜歡《論語》中兩句話：「夫仁者，己欲立而立人，己欲達而達人。」我相信教育的本質是「讓人成功」。老師的任務是要培育比自己更好的下一代，正所謂「青出於藍勝於藍」，看你今天的成就和熱心，我也感欣慰。願以這個成功的準則與你共勉！

祝工作順利

許守仁

五月二十七日

文學背後的辛酸

蔡俊傑同學

敬愛的蒲 sir：

感謝您的教誨，由中史到文學，已經四年。我深信你我的相遇是緣分，像淡淡的水墨，始於欣賞，卻不終於相忘。日前拜讀你的著作，有一篇你與學生的感動電郵，師生之情表露無遺。我恨不得立刻執筆，憑信寄意。雖不知是否能像師兄於中國文學科摘B而回，但不論成績單上是甚麼符號，也無阻我要表達的萬分謝意。

相見四年，相識只有兩年。文學是我們的橋樑，

陪我一段等於陪我永恆

蒲葦老師

俊傑同學：

多謝你的信，我會一直留在文學書的旁邊，在我最感氣餒、最需要安慰的時候，再次細讀。

我看到用心劃出的鉛筆線痕，看到進步的行文，看到真摯的情懷，看到文學的作用。身為文學教師，沒有甚麼比收到這封信更感動的了。

你們一直笑說，我應該做補習天王，或者教女校，至少也要教男女校，才會更精彩，才能更享受被簇擁的感覺。我當然想過得精彩，不過我眼中

它使我打開了神交古人的芝麻門，也打破了師生傳統的隔膜。大部分老師站在舞台上，以知識改變我，你卻走下舞台，摘下面具，以真誠感動我。在不足十人的課堂上，我們打成一片。我從沒想過師生的距離可以如此之近，如同朋友知己。尤其說到課文以外的時候，因為我們的連繫終於可以跳出死板的指定篇章！你有時會說一點自己的私生活，或自己最近的所思所感，都引起了我們熱烈的討論。每次同學們都積極參與，我羨慕不已，卻故作沉默，說穿了是反應慢。

記得有一次從愛情談到教育，大家都樂而忘返，三堂就此從認真和輕鬆間溜走。又有一次你在堂上播音樂，教我們從文學角度觀賞歌詞。可能會有人說我們浪費時間，我卻珍惜你們分享思維的課堂。不只是精神上，你曾經試過親身帶我們走出課

真正的精彩是像收到你的信那樣，滿足感凌駕於虛榮感。

因為收到你的信，我決定原諒自己在教學上的某些不好。你的鼓勵讓我更勇於堅持個性，我不要做個普通的中文老師，我要做一個精彩，讓人難忘，而且深具感染力的老師，男老師在男校立下這個宏願，無疑更具挑戰性。期許兩三年後，你回來看我，你會感到我也一直在進步，而且日益精彩。

我不要蒼白無力的生活，我喜歡繽紛的色彩，有個初相識的朋友斷言：「老師的生活像黑白的粵語殘片」，我不同意，老師一樣可以活得精彩，既對得住學生，又不負文字。你的信，就是明證，就是救贖。

如果說我對你的影響很深遠，你們對我的影響也必如是。過去兩年，我很疲累，相對也很精彩，

室。在教授《古城》時，我們一行人走到二樓的平台，在陽光和微風下探究新詩的奧秘。謝謝，原來上課可以這般寫意。

「你可以開始作答啦。」表現了你深入同學們心的幽默。你「食字」的速度快如連環快拍，在我們還沒有反應過來之際，笑話便連珠炮發。接著一聲帶有自嘲味道的冷笑，然後是同學們一陣錯愕的苦笑。不管好笑與否，蒲 sir 的幽默無間斷地穿插於課堂之間，使嚴肅轉輕鬆，沉悶化有趣，睡著變嚇醒。有一次你在講述《涉江》時，突然說：「屈原的細佬——屈機。」我嚇呆了。這句話比任何「兮」字收結的句子都來得深刻。外人說你的幽默是冷笑話，我卻說是暖笑話，帶給文學班溫暖。

究竟你的幽默背後隱藏了多少滄桑？你沒有明言。但我卻從你沙啞的聲線聽出了一點點的辛酸。

做了很多值得記起的事，日後你們用另一個身份回來，我再告訴你們，像朋友談是非一樣精彩，好嗎？

你衡量周遭的環境後，選了商科，沒有甚麼不好啊，你把文學氣息帶進商科去，駕馭語文的能力就成為本錢，做一個不一樣的商科人，說不定就會很成功。文學不死，因為你將把她帶到商科去。

我清楚記得自己當年 JUPAS 的頭五個志願：第一選擇港大文學院（可進的話必選中文系），第二選擇中大中文系，第三選擇港大中文教育，第四選擇浸會中文系，第五選擇嶺南中文系，第六打後的亂填一通。直到今天，我還是個不會規劃的人，明知怎樣的人生會較穩妥，更能比附家人的意願，我還是疏懶遲鈍，一味隨興之所至，隨情感行事，應該說是很不成熟吧！結果仍飄飄無所似，所以說，客觀的為自己計劃一下，這點很重要，我做不其中混了一點點對社會的關懷、一點點對教育界的盼望及一點點對聖保羅的熱愛和一點點對我們的擔心。

「文學會改變你一生。」我深信不疑。但卻未能改變我JUPAS的選科。商科佔三分之一，其次是語文、社會學、傳理和哲學。我對從商毫無興趣，但旁人都說商科保險，只好跟隨。曾妄想成為魯迅，揭出社會的病苦，引起療救的注意。希望以文字影響人，像你影響我一樣。但現實化成一個巨大的黑影，狠狠打了我一拳。我不甘心，但無力還手。「商科才是餬口的最佳選擇。」耳邊彷彿有一把妖艷的聲音。現實已磨蝕還未拔出的劍。最終我淪為被療救的對象。「哀其不幸，怒其不爭」，原來也有算我在內。雖被你的熱誠感動，但我也害怕成為靈魂的工程師。因為我沒有信心律己嚴人，承擔教育下

到的事情，一般都很重要。

學校是個甚麼地方呢？不便言說，就以我上課時說的為準吧！教育界不主張個性，有個性的人在教育界大都沒有甚麼好下場。不過，我已經決定了，在一個各種力量都推你向著共性，要你認同集體就是穩妥的地方，我偏要把個性發揮得淋漓盡致，然後做好動身就走的準備。我絕不相信，集體上了一個領袖課程，大家便都能成為領袖。

相信自己的能力，努力提昇才能，都做了，便可無所恐懼，因為已盡所能。

我不奉行生命影響生命的糖衣說話，不是不相信，而是大可不必。生命來自父母，除了他們可以影響你的生命以外，誰有權干涉？誰有責任包底？都沒有。文學老師的責任是讓你體會文字的美，感悟文章的藝術價值。我為甚麼要因為成了老師，就

一代的責任。你的循循善誘、孜孜不倦，使我明白為人師表的偉大，也突顯了我的弱小。我無力把你的熱誠轉化為勇氣，令你失望，在此，我為我的懦弱深深致歉。

命運弄人，像老套的連續劇，仿似早有預謀，在我準備放棄文科的那一刻，把我的拙作刊登在文藝月刊，然後在我另一邊的耳悄悄地說：「寶劍還在，只待你伸手來拔。」我事前毫不知情，也不敢想像自己的文字會印在書上。這一次的成功感我永遠難忘。多謝你給予我寶貴的經驗，給我一個重新考慮的機會。

知識就是財富，文學是當中的大寶箱。如果缺少了你這一條鎖匙，我絕不能享受現在前所未有的富足。從前儘管有千言萬語，我也不會抒之於文，更不用說寫一封信去感謝人。你教會我寫作的技

對人生的看法變得樂觀積極？人生觀是不容易改變的，坦白說，我對人生不以為然，卻絕對談不上樂觀，不樂觀的人也可以是稱職的老師啊，我可以教甚麼呢？教你不要模仿我，說不定只是如此而已。

如果說我真能影響學生，我但願那是我的堅持和執著，對文學的堅持，對個性的執著，還有就是，我的坦率、熱情，我的文學夢，我的放聲大笑……即使我還是像從前一樣悲觀。我悲觀，不打緊，我不過像匆匆的過客，知道自己的身份、位置，誰對你最關重要？努力尋找願意守護你，愛你，接受及支持你的人，你的人生已經很「文學」了。

中七大考，我出了道作文題：「陪我一段」，其實很自私，背後意思是指你們文學班陪了我兩年這一段，你們有同學說陪我一段等於陪我永恆，這個詮釋，大合我的思情和私心。再次多謝你，多謝

巧，也教會了我主動去寫作。所以，在此我再次致以萬分感謝。

考試前應多寫作，我暫且當此信是練習，題目為〈我最敬愛的老師〉。請你現在給分，但不要告訴我。中七甲班曾出現過這一個被你和文學深深影響的學生。你忘掉也好，最好你記得。

蒲 sir，謝謝你！

學生

俊傑

二月二十四日

你們，是你們的包容和接受，我才可以一直充滿傲氣地教下去。無論課堂怎樣上，上成怎樣，你們從來沒責備，真夠義氣。此時此刻，我應該只說多謝，只許祝福，而不是再去充塞一個勵志的勸勉或教訓。

俊傑，但願，你將來無論讀甚麼，無論身處何方，兩年快樂精彩的預科文學課，其中的精神並我的情意，都能叫你更勇敢，更精彩，如果快樂有盈餘，就回來分惠予我，分予你最親最愛的人、同時也分給需要你的人。我願你少受挫折，如果有，則挫折的唯一目的，無非在製造話題，好讓你將來用來調劑快樂。

盡心盡力盡情，已經足夠，一生是非功過，留給上帝打分吧！讓上帝嚐嚐改卷的滋味。這個自以為幽默的結語，你有甚麼評價？

也請放心，我會繼續守護文學科，科在人在，科不在，我便來個翻天覆地。揭出所有的病苦，引出療救的注意。沒有文學科，沒有我的文學老師，不會有蒲葦，即使今天的蒲葦，未必比不讀文學快樂。

你未必相信，因為不善於表達，所以我用爛幽默來填塞；你未必相信，其實我很孤僻，所以你會見到我時時發呆；你可能只相信，其實我沒有備課。

望勿忘我，像我不忘記你們一樣。

蒲葦

三月八日

特別的週記

陳俊坭同學

親愛的張老師：

好久不見了，平時有留意您上載到面書的生活點滴，知道您不再做老師，而是找到了自己喜歡的文字工作，真的替您高興。以前讀書每個星期都有一份功課——寫週記。那時候開心的、傷心的都會寫進去，您看了也會給點意見和鼓勵，現在出來工作倒是沒了這回事，所以就動手寫了這篇特別的「週記」給您。

出來工作一年多了，卻好像找不到自己的方

做不讓自己後悔的事

張艷玲老師

俊坭：

讀你的信，就像幾年前讀你的週記（你寫的週記我還留著呢）。你的行文風格變了，變得成熟。內容也變了，以前你多談同學之間的爭執，與家人相處的問題，偶爾也談學業困難。人長大了，面對的事情愈來愈多，回頭看以前的煩惱，好像不是那麼一回事。現在看你的信，這感覺特別強烈。

現在的你，二十三歲，正為自己的前途煩惱。

二十三歲的我，又在做甚麼呢？

向，對於前途更是覺得灰暗。有人說找到自己喜歡的工作而發展成事業，那人生就不會覺得迷茫，現在的我深深感受到這句話的意思了。也許就是自己不知道喜歡做甚麼和可以做甚麼，才會如此迷失自我和缺乏安全感。凡事想抓住，到最後卻甚麼都抓不住。有時候問到年齡差不多的朋友和同事想做甚麼，他們的回答一般都是：「唔知啊，做住先啦！」好像他們都沒有像我這樣的問題。

我常常想，留在香港能有甚麼作為呢？連中產都生活得辛苦，生活費和屋租用了薪水大半以上，加上水、電、煤，何來安穩的生活？身在這個已發展城市裡的我，看到內地的親戚做小本生意或家族生意，發展更勝於自己，讓我覺得內地可能是個可以打拚的地方？或許，去澳洲、日本等地方工作旅遊會更好？想到自己不小，已經二十三歲了，再不

我似乎沒有你成熟、多慮。二十三歲的我，剛拿到教育文憑，順利實現從小的志願，當上中文科老師，還做了你們的班主任。初出茅廬，甚麼都不知道，甚麼都想做，想做得快、做得好。面對喜歡又熟悉的中文科，不覺得有甚麼困難，只想教得更有趣一點，讓你們愛上中文。面對你們一群「小大人」（我和幾位同樣初出道的老師暱稱你們是一顆一顆的「小玉米」），雖然感到束手無策，卻很想跟你們相處得好。當老師的同樣有過青春期，知道青春期的少年人心思多多，特別敏感，要不喜怒哀樂形於色，要不把所有想法都隱藏起來。看你們每個星期交來的週記，我更確定你們三十幾顆「小玉米」都是多愁善感的少年。讀你們的文字，會感到惆悵。一邊看，一邊寫，一邊想：「我該怎麼好好的以老師的身份幫助你們呢？」我想，這是我畢業

出去見見世面，多過幾年，就算自己想，也有心無力了。畢竟要考慮的事情愈來愈多：家庭的責任、自身的問題……

可一想到自己學歷不高，就覺得現在最要緊的是進修。現在不進修，還等何時呢？自己對幼兒教育有點興趣，所以去年開始學習鋼琴。人大了，手指也不大靈活，但因為對讀幼兒課程有幫助，也就學學看，考試安排在四月，心想能多懂一樣算一樣。而今年也鼓起勇氣報讀幼兒課程，現在等待收生面試。成功的話，會讀兩年，兩年後起碼有一張證書。到時候，最好能當上幼兒老師，如果沒有這個機會，我無論如何都要到外面去見識見識。

最近和妹妹聊天，她說我可以考慮報讀登記護士課程。我看自己的成績也符合入學的門檻，所以也把這個機會一併考慮，畢竟多一個選擇總比少一

以後，在工作上最煩惱的事情，卻也享受其中。

燒得再旺盛的火，終會殆盡。當發現自己對老師這工作不再抱有熱情，確實難過了一陣子，畢竟這是從小的志願。而且教書幾年，開始掉進所謂的「舒適區」（comfort zone），想改變，卻又怕改變。怕甚麼？怕失去很多，也怕自己適應不了。但是，很多時候，感性會蓋過理性，我很清楚自己想嘗試其他感興趣的工作的心情，也想知道自己到底可以多做些甚麼。終於，我辭去老師的工作，當上中文教科書編輯。朋友問：「你唸文科，讀中文系，又考了教育文憑，教了幾年書就不幹了，之前做的不都白費功夫嗎？」俊坭，你認為呢？

改變很少是安然無恙的，改變愈大，掙扎愈強，擔心也愈多。從老師變成編輯的第一年，我的確動搖多次，當初所做的決定認為是「感性蓋過理性」，現

個選擇好。問了相關機構，對方回覆不是每年開班，可能再等幾個月看看吧。

張老師，決定重回校園壓力真不少，家裡環境不是很好，幸好家人容許我讀兩年書，不過，學費和生活費就要自己想辦法了。

現在，我要做的和我能做的都做了，就一步步、一點點摸索吧。總不能只自怨自艾！未來我不知道我會做甚麼，但起碼我現在好好裝備自己，嘗試過、努力過，就不會後悔，哪怕到頭來甚麼都沒有。

原來不知不覺已寫了這麼多，是時候停筆了。希望您身體健康、工作愉快、笑口常開。下次再聊，再見！

學生
俊垠上
二月二十日

在卻覺得是理智、理想的決定。俊垠，告訴你，我們每做一個決定，做了決定後做的每一件事情，都不是白做的。經驗會一點一滴積累起來，就算從事最機械性的工作，你想或不想，經驗還是會慢慢在增加。但是，想要從經驗獲得更多，自己得有學習的意識。你從小就充滿好奇心，熱愛學習，且懂得從旁觀察，考慮比較周全才會行動。我相信，在你畢業後這段時間裡，你做過的工作、接觸過的人，都讓你學到不少。而你現在對於自己的前途感到困惑，我想主要是經驗多了，開始意識到自己的不足，也漸漸對自己想要的更清楚，因此希望開闊眼界，提升能力，看看自己能做到多少，能做得多好。對不對？

其實你的想法很清楚，目標也很明確，現在欠缺的是一個機會。但你沒有守株待兔，而是積極裝備自己。你說得對，要做到自己想做到的，就要「一

步步、一點點摸索」，過程或許漫長，但若視之為學習的機會，就算最後未能如願，經驗、感受還是會留下來，作為你下一次嘗試的養分。有人說：「只做自己有把握的事」，甚至有人說：「不做讓自己後悔的事」。每次聽到，總覺得說的人多少有點小看自己，如果自己想做，準備又夠好，即便事與願違，為甚麼不嘗試呢？他們應該自信一點，大聲地說：「做不讓自己後悔的事！」

你在信中多次提到想到外面闖的想法，其實不只你，我也常在想出去看看這個世界。最近看了一本台灣出版的書，書裡寫了這麼一句：「每一次旅行，都是為了再回到台灣。」台灣人的本土意識很強，他們愛他們的「寶島」，出版了很多關於本土歷史、文化、生活的書，從包裝到內容都很仔細。這種巨細無遺的態度，反映台灣人對自己的「根」

的重視與熱愛。我想，香港人就像台灣人一樣，熱愛自己的土地，逛一圈書店，便看到不少本土題材的書，而且，近年的保育事件不就很清楚了嗎？雖然愈來愈多港人外出開拓事業，他們的家人很多仍留在香港。世界真細小？地球村民一家親？但總有自己的根。你將來是留在這個小小的城市教育小孩，或者到外面擁抱大大的世界，你心裡都會想着出發的地方吧？只要知道自己的起點，同時保持開放、熱心（就像你現在一樣），我相信你到哪裡去，都不會感到寂寞。

願你得償所願！

你的中文科老師兼班主任

張艷玲

三月七日

做一個「剛剛好」的幼稚園老師

陳俊坭同學

親愛的張老師：

對上一次給您寫週記已是五年前的事了！五年後的我，還是想給您寫一篇「週記」，分享這五年裡生活的點滴。

回憶起五年前的我，對人生感到失意、對前途感到迷茫，曾想一走他鄉。但我比其他人幸運，因在我感到迷失次時，上天給了我一個機會——被取錄成為幼兒教育高級文憑的學員。當時我仍未清楚自己是否適合當幼稚園老師，只覺得這個機會是可

做點心，做老師，都要掌握有度

張艷玲老師

俊坭：

不得不說，你這篇「週記」內容真是豐富，字裡行間更是處處流露著幸福與自信。與五年前給我寫「週記」的你相比，今天的你，不僅年歲增長了，眼界開闊了，閱歷深刻了，自我認同感也愈來愈強烈了。

還記得當時的你，對自己想做些甚麼感到躊躇，對前途發展感到不知所措。我認為你那時候猶如處在十字路口，知道前路處處，卻舉旗不定。是

行選擇中的一項。那兩年的校園生涯，我學習到不同的幼教理論，同時兩次到校園實習，令我初步知道幼教行業是怎麼一回事。我認為這可考驗自己是否適合成為幼師，當時每天都有大量功課和實習教案要做，經常做到三更半夜，一些同學更因太辛苦而退學。是小朋友的天真笑臉，令我堅持下來。

入行後，我發現「真正」的幼教行業和想像的有點不同，正確來說，這個行業和大部分人想像的都有點不同。很多人認為幼稚園老師主要的工作是和小朋友玩，事實上我們需針對幼兒的不同年齡層、學習需要和差異，設計出不同的活動，除了恆常的主題活動外，還包括音、體、美等活動。也有很多人認為幼稚園老師下班就是下班，現實是我們要在課外時間處理大量工作，包括和家長溝通、準備教案、編排活動等等。又有很多人認為幼稚園老

目標不清晰？是自我肯定不足？還是身邊的意見太多？可幸的是，最後你為自己選擇了最合適的方向，並一直在此方向路上向前邁進，為自己的選擇負責。

我心中的小女孩啊，現在已經是個大人了，而且為人師表，這就是所謂的「薪火相傳」嗎？看你在「週記」裡洋洋灑灑的從決定唸幼教文憑寫起，到當老師之初領會到種種不足為外人道之苦，後來漸漸被家長認同而感到高興，我一邊讀你的種種經歷與體會，一邊感到滿滿的欣慰。之所以感到欣慰，固然是知道你學有所成，並逐漸摸索出自己想走、要走的路而覺得喜悅，同時深深地感受到，你不只是在向我「分享這五年裡生活的點滴」，而是向我娓娓道出你的教育觀，這既是個人心路歷程，更是作為一位前線幼教人員的專業意見。

能夠學以致用，是多麼快樂的事情！你從專業

師假期多，工作時間少，事實上我們常在假期裡編寫教案、做幼兒發展評估。

好像一直在訴苦，其實也有喜樂的片段。剛入行時，我是全日班十三個小朋友的班主任，家長見到我這副新臉孔，難免有所保留，他們甚至見到我較年輕而懷疑我的專業。但我沒有因此感到氣餒，反而更用心教、用愛教，很快地小朋友的進步和成長釋除了家長的疑慮，他們都很放心把孩子交給我去教。獲得家長的信任對我鼓舞極大，他們都認同我的教學方式。

我相信沒有教不好的小朋友，只有「教」不好的家長！身為班主任，我不是要教家長做甚麼事，只希望他們信任老師、了解自己孩子的長短處，從而成為能和老師合作因材施教的家長。只要對幼兒有足夠的了解，根據他們的個性和興趣，給予適當

中學習到各種幼教與兒童心理的理論，每天於校園裡實踐，並不斷地改良。這種自我鞭策的動力，來自你對個人成長與個人事業的認同和渴望進步的心理。你說你逛街時看到合適的教具會買來在課堂上給孩子用，又不時學習新的知識和技能，充實提升自己之餘，也會用於教學，這種樂此不疲的生活態度，如果缺乏對個人能力與事業的投入與熱誠，怎麼可能做到呢？這已經是寓教於樂的境界了，這令我想起梁啟超在九十幾年前，於上海對著一班畢業在即的學生所發表的演講辭《敬業與樂業》。

梁公在演講辭中為「敬業」下定義：「凡做一件事，便忠於一件事，將全副精力集中到這事上頭，一點不旁騖，便是敬。」我想你是做到了。之後，他又提到「樂業」，指出凡職業都有趣味，值得花時間與心思去做好，原因有四：「第一，因為凡一

的支持、鼓勵和教導，都能有效提升其各方面的能力。當然，對於需要特殊教育方法的幼兒而言，便要針對性地去教了。

每天和小朋友在一起八九個小時，我們的互動愈來愈多，關係也更親密。一班三四歲的孩子常在身邊跑跑跳跳，他們的天真可愛令我忘卻做文件的勞累，他們的熱情擁抱令我享受到簡單的歡樂。有時在街上遇見他們，會高興地跑過來摟著我。我慢慢了解到自己適合幼教這個行業，同時也慢慢尋找到正確的事業方向，人也慢慢地比以前更投入生活。有時逛街看到一些適合孩子用的東西，會自然地買回學校給他們。看到他們一點一點地進步，使我充滿成功感，也推動我更投入設計教學活動，好讓他們從中學習。

這幾年的教學經驗，令我漸漸地內化學習過的

件職業，總有許多層累、曲折，倘能身入其中，看它變化、進展的狀態，最為親切有味。第二，因為每一職業之成就，離不了奮鬥；一步一步地奮鬥前去，從刻苦中將快樂的分量加增。第三，職業性質，常常要和同業的人比較拚進，好像賽球一般，因競勝而得快感。第四，專心做一職業時，把許多遊思、妄想杜絕了，省卻無限閑煩悶。」

這四個原因，你認同嗎？又或時移世易，有些說法已經不適用了？無論如何，不同年代，不同的人，都有不同的難處，工作佔了我們生活的大部分時間，能夠覓得自己喜歡做的事情，樂意花心思去做好，真是難得又了不起！這與其說是幸運，不如說是你擇善固執的成果，我真的為你感到高興又驕傲！

約翰．杜威（John Dewey）你一定知道，他說：「教師是真正上帝的代言者，真正天國的引路

理論，並持續嘗試更好地運用在學生身上。與此同時，我亦因教學而改變很多，我發現自己變得更積極樂觀，又比以前更有耐性和更加謹慎，身上的稜角磨掉了，處事變得圓滑，這對我的事業大有好處。耐心教導對幼兒來說非常重要，因為幼兒的學習方式是按部就班的，大人急也急不來。例如一個單雙腳跳的動作，同一個班上，不同月份出生的孩子，有些能做到，有些無論怎麼教也做不到，老師不能要求所有學生同時達到學習目標。行事謹慎是幼師的必備條件，例如在設計教學活動時，必須考慮活動是否安全，簡單如吃個點心，若有幼兒誤吃致敏食物，後果可以非常嚴重。處事圓滑讓我更有效地和家長溝通，很多家長其實都明白孩子的問題，他們需要的是有人以柔和的方式講出來，讓他們放下心中芥蒂，明白老師的用意，彼此達至共識。

人。」撇除宗教觀不談，這句話印證了教師的地位從古至今是如此重要，「傳道、授業、解惑」的本質一直沒有改變，每個人一生中會遇到不同的老師，對小朋友來說，你是他們家庭以外的第一位老師，這責任何其重大呀！我相信你會做得很好，並且現在的你會做得比你寫週記給我時更好。你從小就很認真，認定了的事情，會百分百投入去做，不輕易認輸的你，有一股常人不太容易理解的勁兒，做老師是，做馬卡龍也是，對吧？

我不擅長烹飪，但也知道馬卡龍難做，這種看起來挺簡單的法國小圓餅，製作材料很常見也不複雜，難就難在製作過程。要做得「剛剛好」，要經過多次嘗試，總結出經驗，才能掌握有度。做老師也一樣，特別是要教導兼照顧猶如正在萌芽的植物般的小孩子，更需付出額外多的心力。可回過頭來，別人說，幼師頭五年是張白紙，我也在摸索學習，努力改善不足。兩三年來的洗禮，我認為自己於教學上已初步有所掌握，也大概知道需完善之處。去年，我開始參加興趣班和短期課程，嘗試尋找突破。我發現自己對烹飪和音樂很感興趣，於是學烹飪、樂理和Ukulele，也嘗試用於教學，例如教孩子認識食物，我會與他們一起做曲奇餅。有時候親友會問我：「上班已經這麼累了，週末還參與那麼多活動？」我總是笑著回答：「因為我是怕悶的人！」是的，我總覺得人生若只有工作和在宅在家裡真是太悶了，這不是我想要的生活，有時間就該發展一下興趣充實自己。近年我愛上做馬卡龍，做甜品可調劑生活，而令我著迷的是做馬卡龍難度很高，打蛋白時間控制稍稍有誤，便會影響外形和口感。其實做馬卡龍和做幼師很相似，在做的過程

中所用的方法稍微不同，結果會完全不一樣。我正在努力學習，期望不論是做馬卡龍還是做老師，都可以做得「剛剛好」！

目前我遇到的困難，主要是漸漸意識到自己對有特殊學習需要的幼兒了解不多，畢竟兩年的文憑課程所學到的，是針對一般幼兒的發展和學習需要。所以我想進修，很高興的是，上司很支持我這個想法，並向我我分析現時幼教行業對學士學位領導和特殊學習教師的需求很大。香港幼教行業正在發展，幼稚園老師學位化是大趨勢。所以我報讀了香港教育大學四年制兼讀學位課程，現在已讀了快一年，邊工作邊讀書的生活我很快就適應了。我希望自己變得更好，以最佳狀態迎接一班又一班的孩子。如果可以，我還想到其他地區學習幼教知識。

時代不同了，幼教行業不再是陪小朋友玩，

看到這些與你日夕相處的「幼苗」日復日地茁壯成長，我相信你會認為是值得的。

最近幾年，你都趁學校放暑假來看我，感覺你改變了不少，講話語速變慢了，沒有以前那麼急於把心裡的想法一股腦兒吐出來，整個人的氣質變得柔和許多，這應該是你常跟小朋友待在一起所帶來的轉變吧？能做到教學相長是非一般的境界，「是故學然後知不足，教然後知困。知不足然後能自反也，知困然後能自強也，故曰：『教學相長』也。」我相信你之後會更有多的學習與磨練的機會，收穫也會愈來愈多。期望你今年暑假再來看我，帶著你精心製作的馬卡龍和不同的孩子的故事，分享你最新鮮的體會。

Miss Cheung 張艷玲

五月十七日

而是提供更專業和有效的教育。我們一群同工都在為幼兒努力，期待幼教行業獲得大眾和政府重視。「十年樹木，百年樹人」，培育幼兒真不容易，幼教工作令我品嘗到生活中的甜酸苦辣，偶有辛勞，但有家人和另一半支持，令我更有動力面對各種挑戰。我很慶幸能與一班幼兒一起成長，所謂「教學相長」，或許就是這樣簡單的幸福吧！未來或許充滿困難，但我願意接受！

不經不覺寫了這麼多，就此擱筆，祝張老師您工作順利，身體健康！

學生
陳俊坭　上
四月二日

這個城市不屬於我？

王兆聰同學

潘老師：

這個學期選修了您任教的語文增潤課程，您的開明態度，讓我感到香港的自由氣息，越發喜歡這個城市。

光陰荏苒，在學院讀書已是第四個年頭，這個夏天便畢業了。畢業後的路向，我還未決定。大學畢業後回濟南老家工作、組織家庭，曾是我來港前的計劃，可待在這裡越久，心底裡要實現這個計劃的動力，卻如握在手裡的細沙，慢慢流失。我開

別讓疏離感磨滅意志

潘漢芳老師

兆聰同學：

很高興收到你的信。上課時聽過你的一口流利廣東話，差點讓我忘記你的故鄉遠在北方。感謝你對我的信任，願意與我分享你的感覺。

離開出生地，獨自從遙遠的北方來到南方城市生活，著實一點也不容易。廣東話是中國一種難學的方言，你在短短四年裡已能靈活運用，可見你付出了很大的努力去適應香港的生活。學習成果是一些較實在的東西，例如學習語言，可透過努力達至

始喜歡香港的一切，很希望成為這個大家庭的一分子。然而，強烈的疏離感彷彿一道大閘，把我拒於這個城市門外。

過去四年，雖然學院的老師、同學都對我很好，我的廣東話也學得不錯，地道的「潮語」也能明白，但在校園蹓躂或走在街上，異化感仍然強烈。一直以來，我單純地以「文化差異」來解釋這種感覺，但漸漸，我發覺這種疏離來自我的身份——一個從內地來港的過客、外人。還記得兩年前，香港社會熱烈討論應否把高鐵伸延至市區，上課時，老師也曾請同學們發表對這話題的意見。作為見證國家改革發展的新一代，我非常支持高鐵從內地直達香港市區，加強中港聯繫，對兩地都有莫大效益。有本地同學聽到我的意見後，言詞激動的表示，香港是他土生土長的地方，是他的家園，不容許外人借國

成功，成果比較容易量度。感覺，卻是一份潛藏心底的意識，很難像學習般透過努力去消除。

從你的來信，感受到你對香港的熱愛，也知道你認為高鐵、奧運開幕及為兩地選手打氣等例子，是界定你和本地人文化或價值觀不同的鴻溝，是你被判作「外人」的致命傷。感覺很主觀，沒有一個人可以完全了解另一個人的感覺。你提到這四年來老師和同學都對你很好，這正是本地人沒有把你「拒於門外」的證明。他們對你的幫助，帶你逛街，就是希望帶給你本土的經驗，讓你可以融入其中，努力幫助你成為「自己人」。要真正融入一個陌生的環境，說易行難，旁人釋出的善意固然窩心，但關鍵還是你如何看視自己的角色。

評論事情的優劣，無論客觀分析如何仔細，大概還是躲不開主觀的喜惡。至於愛英式含蓄，還

家發展之名在香港大興土木，破壞本土固有價值。學術討論沒有對錯，下課後我和那位同學也一起吃飯，大家沒有因為意見不同而互不瞅睬。不過，這次經驗，讓我切實感覺到，原來在本土人心中，無論我的廣東話說得多流利，我只是一個外人，始終不是一夥。

剛過去的二〇一二倫敦奧運會，又是一場有關「中國人」及「香港人」的衝擊。倫敦奧運會的開幕式，沒有金光耀目的表演，有的是連英女皇也粉墨登場的英式幽默。身邊的本地同學對這個開幕表演讚不絕口，認為含蓄的英式口味，較北京奧運的華麗堆砌屬有過之而無不及的高尚格調。我倒認為北京奧運的開幕式能盡顯中國的強盛，李寧手執火炬凌空漫步的一幕，深深感動著我。至於今屆較矚目的羽毛球賽事，雖然後來因女雙造假而惹來非

是愛中式華麗，箇中原因甚多。或殖民管治讓本地人有先入為主的心態；或張藝謀的導演伎倆早已為人詬病，單純以對開幕儀式的評價作身份認同的判斷，難免失之子羽。本地同學為本港選手打氣，一方面可能是對原生地的歸屬感使然，更大可能是年輕一代自幼受長輩耳提面訓「獅子山下奮鬥史」，最終從女車神身上得到證實的一次重要經歷。

你在內地成長，兩地教育不同，兩地同學的價值觀自有分別，不必介懷，也不用執著於要消除你提及的疏離感。現今科技發達，資訊一日千里，相信你也聽過「地球村」這個概念。無論成長於哪裡，生活在哪裡，大家都是地球村上的居民，沒有所謂「外人」和「自己人」的區別。你的價值觀與本地同學不同，正好讓大家在學習路上互補長短，彼此從對方的思維中啟發全新的思考模式，擴闊視野。

議，但羽毛球男單林丹勝出的賽事，仍然教我看得哭了起來。本地同學也為林丹勝利而興奮，但我知道他們最高興、最激動的一刻，是新聞傳來「牛下女車神」李慧詩獲得銅牌的消息。在這些時刻，終究我是一個外人。至於他們告訴我「開幕式」是大陸用語，在香港應用「開幕典禮」，那是後話。

十二月趁著假期，我回了濟南一趟。自從去年春節後，已經差不多一年沒有回家。母親做的餃子依然美味，有機會真想帶點回來讓老師品嚐。在十多天的假期裡，我最掛念的，是同學帶我到旺角街頭吃的雞蛋仔。冬天的濟南很冷，皚白的飄雪落在道上，很快便被行人或汽車踏得骯髒。從前，這都是我熟悉的情景，這次回去，有點異樣，腦海裡不期然想像：若香港下雪，政府會如何把市面弄得整齊清潔？

香港是一個很獨特的地方。殖民管治歷史讓她開放自由，容易接受新事物；超過九成居民是中國人的族群背景，令她潛藏著傳統中國文化的基因。這種特色，讓香港成為一個吸引的都市。香港，又可算是一個「借來」的地方。回顧上世紀五十年代，大批國內居民逃難來到香港，當時大部分人都抱著「過客」的心態，認為這城只是暫居之所，終究有一天會返回內地。因緣際會，大部分當年的過客，最後都留了下來，為這個社會繁榮而付出努力，今天，也都成為了「香港人」。這樣說來，「中國人」和「香港人」又有甚麼分別？要融入一個環境，時間是不可或缺的因素。別太快被一時的疏離感磨滅意志，容許自己付出多點時間，更深入了解這城，或許你有更深的體會。

不必拘泥於價值觀不同，亦不必介懷於「外人」

對畢業後的去向，我很躊躇。我掛念濟南，很想把所學回饋故鄉，可是這次回去，市面的髒亂、低劣的效率，促成了我對美好家鄉的質疑。另一方面，我喜歡香港，覺得故鄉的人和事，在香港可以如何如何，但在這裡，我是一個外人，價值觀與本土疏離，我很想消除這種感覺。還有半年左右學期便終結，屆時我在本港的升學簽證也到期。對未來路向，我實在很迷茫。老師，您可以給我一點意見嗎？

祝

工作愉快！

王兆聰

一月七日

身份的疏離感。最重要是，即使彼此文化不同，價值觀有異，大家仍能互相尊重，這才是一個家園的真諦。希望你在餘下這半年的大學生活繼續盡情投入，好好體會這城帶給你的經驗，屆時或許你對未來路向有更清晰的想法。

祝

生活愉快！

潘漢芳

一月二十日

重讀的掙扎

羅世寬同學

親愛的施老師：

您近來好嗎？教學工作繁忙，但也千萬別累壞身子啊！學生離開惠僑中學後，一直惦記著恩師，特來信告知近況。從同學口中得知老師仍會在原校執教，真為同學們高興，因為他們能遇到您這樣的好老師，而我在轉校後，不知能否再遇到像您這般關心學生的好老師呢？

當我毅然決定轉校後，這兩個月來，我不斷到心儀的中學叩門，四處奔波但都沒有回音。多所學

遲桂花的幸福

施紅紅老師

親愛的世寬：

首先，謝謝你對我的信任。因為你在人生的十字路口，會想起我，讓我更確定我選擇當老師這一條路是正確的，是有意義的，是值得的。

從你的來信，知道你在轉校這方面遇上難題和掙扎，你在猶豫要不要多花一年時間重讀中三，也擔心自己的年齡比一般同學大，成績又沒他們好。

你聽過「靜候的種子」的故事嗎？

春天來了，很多種子都長成了美麗的花草樹

校以不收插班生為由，把我拒於門外，心裡真的很徬徨。後來教會導師見我臨近開學，仍無棲身之所，就為我安排到一所基督教中學面試。面試以英語進行，但我只能以一些簡單的單詞回應，最後該校的老師給我的評語是我英文根基太弱，不宜勉強升讀中四，建議我重讀中三。當時我對這結果很失望，完全不能接受。後來同行的導師為我分析重讀安排的利與弊，他鼓勵我重讀中三。我冷靜下來，縱然心裡有千萬個不願意，也得接受重讀的安排，因為我心知過往自己一直沒有用功，英語和數學的根底很差，因此我決定重讀，用一年時間打好基礎，繼續學業。

但是，我始終很困惑！施老師，您認為我這個決定怎樣？您會支持我嗎？在這一刻，我確實很有決心要發憤讀書，但是我又很擔心自己會經不起挫

木，唯獨有一顆小種子，因為表殼太堅硬了，使它始終未能破土而出。眼看旁邊的植物越長越高，小種子很焦急，在泥土裡不斷滋生著向春的思念，心裡嘀咕著：「為甚麼我不能像其他種子一樣？我討厭我的外殼！」

這時，樹林突然發生了一場大火，把所有的植物都燒焦了，只剩下這顆小種子，因為它有硬殼的保護。出乎意料的是，高溫使它迸出了硬殼，它終於破土而出。因為過去的一段日子，它吸飽養分，現在小種子伸一伸腰，終於長出了一棵小嫩芽。

生命的成長，需要耐心的等待，而在考驗過後，我們將看見一個煥然一新的自己。我們都是神的兒女，我們要相信神給我們安排的路是最好的，最適合我們的，只是在人生的低谷，大風大雨的當時，我們還是會感到徬徨，還是會感到無助，還是會猶

折，因為自己年紀比同學大，而他們的成績又比我好很多，我很怕自己會浪費一年，很怕最終會放棄，老師您可以給我一些忠告嗎？謝謝！

祝

身體健康！

學生

羅世寬

八月十七日

豫不決。所以此刻，我們必須全心全意靜候主、依靠主、相信主。因為有時我們付出的代價其實是收穫，只是當下不知道，不察覺而已。或者再過五年、或十年，你會衷心地感謝神、讚美神，祂為你作了這個完美的決定。

我曾告訴過你我喜歡喝桂花茶，喜歡吃桂花糕，喜歡空氣裡瀰漫著桂花的清香嗎？箇中的原因除了喜歡茶裡散發出那令人欲醉的桂花香氣，那晶瑩剔透的桂花糕裡散佈著一粒一粒金黃的花瓣外，最主要的是有一篇文學作品《遲桂花》，我很喜愛當中遲桂花的象徵意義——遲來的幸福。聽說桂花開得愈遲愈好，因為開得遲，所以經得日子久。有時，我們還看不見幸福的時候，那就好好裝備自己，耐心的等待，等待遲桂花那遲來而長久的幸福。

我很支持你的決定。你不需介意自己的年紀

比同班同學稍大，你應該看到的是你比同班同學認真、成熟、懂事，因為你有不一樣的過去，你知道自己的需要，清晰自己的方向。所以，我很支持你重讀一年中三，你可以利用比別人多一年的時間，打好英文和數學的基礎。一年的時間，花在這裡是值得的。我們的人生，如沒意外，可以活到七十、八十歲，工作的時間長達好幾十年，多一年少一年，其實分別不大。但若多一年的讀書光陰，能換回紮實的學科基礎，能換回將來步入大學的殿堂，能換回戴上四方帽與家人合影時燦爛的笑容，這樣的人生是幸福的，這樣的一年也是值得的！對嗎？這不就是遲桂花的幸福嗎？

有時候我們試試換個角度去看，事情未必是我們想的這樣差，從我看來，這是一件好事！記住，人生每一個階段，每一個經歷都是寶貴的，都有它

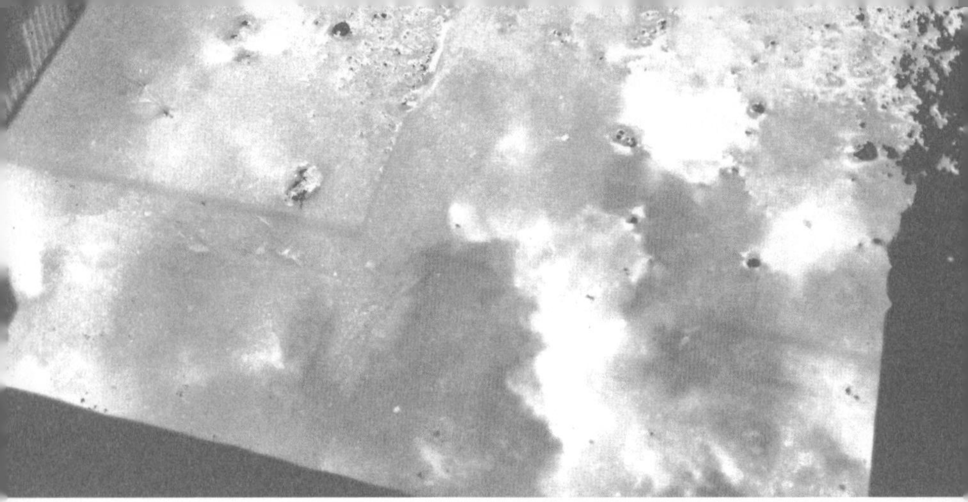

出現的意義，它將是我們的財富。感謝主讓我有你這麼好的學生，施老師相信你是可以的！加油，我的好學生，好孩子！祝願你有個美好的未來！

祝

一切安好！

施紅紅

八月二十日

後記：

羅世寬同學在重讀中三的一年，遇到了教學認真的好老師，結識了勤奮好學的同窗好友，開展了豐富多彩的中學生涯，經歷了多年的努力和奮鬥，

在會考及高考的洗禮後，現為嶺南大學中文系的學生，作好準備迎接新挑戰。

施紅紅補記

蔡元培

中文名　蔡元培，字鶴卿

別稱　蔡民友、蔡孑民

國籍　中國（浙江紹興）

出生年　1868 年

去世年　1940 年

代表作品　《蔡元培先生全集》

生平 /

1868 年　生於浙江紹興府山陰縣。

1898 年　戊戌變法失敗，離開翰林院南下，任紹興中西學堂監督，提倡新學。

1902 年　與章炳麟等成立中國教育學會，擔任會長一職。同年創立愛國學社和愛國女學，創辦《俄事警聞》，倡導革命。

1917 年　任北京大學校長，採取「囊括大典，網羅眾家，思想自由，兼容並包」的教育方針。

1923 年　辭任北大校長。

1940 年　於香港病逝，下葬香港仔華人永遠墳場。

金句摘錄 /

- 要有良好的社會，必先有良好的個人；要有良好的個人，就要先有良好的教育。
- 大學為純粹研究學問之機關，不可視為養成資格之所，亦不可視為販賣知識之所。學者當有研究學問之興趣，尤當養成學問家之人格。
- 我們教書，是要引起學生的讀書興趣，做教員的不可一句一句或一字一字的都講給學生聽，最好使學生自己去研究，教員不講也可以，等到學生實在不能用自己的力量去了解功課時，才去幫助他。
- 與其守成法，毋寧尚自然；與其求劃一，毋寧展個性。
- 經書裡面，有許多不合於現代事實的話，在古人們處他們的時代，不能怪他；若用以教現代的兒童，就不相宜了。例於尊君卑臣，尊男卑女一類的話。

梁啟超

中文名　梁啟超，字卓如

別稱　飲冰室主人

國籍　中國（廣東新會）

出生年　1873 年

去世年　1929 年

代表作品　《飲冰室合集》、《王安石傳》、《中國文化史》等

名人評語　五四運動的領袖幾乎沒有一個不曾因讀了他的文字而受到啟發。

——蕭公權

生平　／

1873 年　生於廣東新會。

1895 年　赴京會試，發動在京應試的舉人聯名「公車上書」。

1898 年　參加「百日維新」，失敗後逃亡日本。

1915 年　反對袁世凱稱帝，與蔡鍔策劃武力反袁。

1917 年　孫中山發動護法運動。段祺瑞的內閣被迫下台，梁啟超也跟著退出政壇。

1929 年　病逝於北京協和醫院。

金句摘錄　／

- 患難困苦，是磨煉人格之最高學校。
- 磊磊落落，獨往獨來，大丈夫之志也，大丈夫之行也。
- 每日所讀之書，最好分兩類：一類是精讀的，一類是流覽的。
- 欲新一國之民，不可不先新一國之小説。
- 萬不可以他人之痛苦，易自己之快樂。

青春煩惱

『現在的我只想擁抱青春的那份真，然而這份純真是恩賜，還是負擔？』

致青春

莊璵瀅同學

親愛的萍老師：

最近好嗎？聲帶還有沒有覺得不適？自二月份匆匆一別，我們師生倆一直分隔兩地。偶爾看見你 Facebook 的更新，一字一句都流露著對生活的熱愛，我便知道您一切安好；偶爾向您捎去幾句手機短訊的問候，您那幽默、甜意綿綿的回應，感覺上您比以前更快樂了。（笑！希望我的直覺沒有錯吧！）

分隔南北，既然少了一個見面通話的機會，於

除了向前，我別無選擇

黃燕萍老師

親愛的璵瀅：

我的聲帶問題已略見好轉，勿念！

近日我所以開始研究星座，原因是我的女兒開始步進青春期，性情的轉變有時令我無所適從，所以想透過星座多了解她。

你的來信談及青春，我想到的是——

毛澤東說：「世界是你們的……青年人朝氣蓬勃，好像早晨的太陽，希望都寄託在你們身上。」

冰心說：「青春活潑的心，決不作悲哀的留滯。」

是我更加留意您的「近況」！執筆以前，得知您最近喜歡上星座的分析。雙魚座的人一直以多愁善感為特徵，您認同嗎？您覺得我是一個典型的雙魚座女孩嗎？前陣子，我看了一部高質素的電影《致我們終將失去的青春》。看畢，我久久不能釋懷，多愁善感的老毛病又蠢蠢欲動。究竟我應該拿甚麼致青春呢？於我而言，青春只能狹義地定義在二十五歲以前。扳一扳手指，那我就只剩下幾年的青春。青春嘛，就像一輪水中月，人好像能真實地擁它入懷，甚至小心翼翼地呵護在掌心；但只要一陣雲把它遮擋了，它便瞬間從指縫流走，抓也抓不住。很多人希望青春不滅，因為青春代表年輕，年輕寓意美好，真的是這樣嗎？我的青春看似一帆風順，但卻時常充滿對真實情感的掙扎。

我認為青春的可貴在於純真，不受社會大染缸

泰戈爾說：「青春年少的我們，既缺乏經驗，又固執任性。」

高爾基說：「青春就像黃金，你想把它打造成甚麼，它就能成為甚麼。」

王安石說：「春風似舊花仍笑，人生豈得長年少？」

岳飛說：「莫等閒，白了少年頭，空悲切。」

為甚麼總在引經典名言呢？因為在這些字裡行間，青春都是轟烈而鮮明的。而回憶起我的青春，卻是蒼白寂寥的日常居多。草根的家境，令我很早以前便要面對現實的煎熬：永遠有讀不完的書、做不完的家務、日以繼夜的兼職，我的青春像一口枯井，不見天日！來自井口的微光名為「知識」，我跟許多人一樣，沿著繩索往上爬，過程無數次磨破了皮，也曾想過放棄，反正我許多同輩人都安然地

的污染。人越大，見識的人與事越多，便覺得這個世界並不單純。每個人都掛著一層面紗，你看見的可能不是真的，真的可能永遠不被看見。二十五歲後，當我步入人生另一個成熟的階段，當我積極拚搏自己的事業，當我正式浸淫於社會的染缸時，回頭凝望逝去的青春，我能給青春的就是一份純真。現在的我只想擁抱青春的那份真，然而這份純真是恩賜，還是負擔？我真的不知道。當我展現自己最真的一面時，總會容易不自覺地傷害別人，使情感時常跌進萬丈深淵，難怪孔夫子說「不患人之不己知，患不知人也」，他說出了我的心聲啊！當我嘗試掩飾自己、迎合他人的時候，我又覺得自己活得太假。究竟要表現自己最真的一面，還是無聲無息地隱藏自己的真性情呢？這道難題經常使我失去方向，彷彿怎樣做也進退失據。

待在井底。然而卻又不甘！就這樣，以知識之名，我成為家族裡第一個大學生，出了井口，但卻非出人頭地！

而後我面對的，是生活乾涸的河床，那是一無所有的現實。我有了家庭、有了孩子，但除了愛這個家便甚麼也沒有了！然而我知道，「勤奮」的彼岸有一口「幸福之泉」，於是跟丈夫一步一腳印地去尋找，過程也跌過、也傷過、也哭過、也吵過，可幸牽在一起的手都不曾放開。但我討厭那些絆倒我們的石塊，因為太多了，搬也搬不走，所以我們只能跨過去。直到看見那口傳說中的「幸福之泉」，直到鑿開泉眼，看清澈的泉水奔流於生命的河床，這才發現，曾經絆倒我們的石塊，為生命之河激起了無數美麗的波瀾！

親愛的，以上便是我青春的足跡了，除了知識、

除了向前，我別無選擇！

我只是慶幸，在容易犯錯的年齡，我被生活逼迫得沒有犯錯的機會。在可以任性的歲月，我遇上對的人，無論身上的棱角如何觸痛彼此，我們都堅持共行。而當時光打磨了彼此身上的銳氣，雖沒有甜言蜜語，卻有與歲月俱增的恩情！

而後的事你都知道了——

我的女兒升中後，受同學影響看愛情小說，開始了女生必經的青春旅程，為了監察文字質素與情感尺度，我理所當然地陪她一起看。並且決定，在她遇上一個善良又專一的好男生，攜手締造幸福故事之前，我會快快樂樂地陪著她低低能能地成長。

我又常陪兒子散步、抓蟬、聽他讀故事！

學業，曾讓我極端痛苦，所以我不要求兒女贏在起跑線，因為他們不是盆景，所以不必修剪，就

現在，我害怕失去那份青春的純真，因為我認為失去青春的背後就只有一份偽裝。雖然兩者未必對立，但是社會現實終將會把純真逐漸磨損。既然這樣，我會不悔地堅持下去，至少現在的我依然青春，依然自己，趁青春還在的時候坦坦蕩蕩地活出真我，然後浪漫地把天真爛漫的過去致給青春。到

讓他們率性自然，健康正直地成長！

我發現，我們總是太忙著生活，因此缺乏時間品味生活！太忙著愛，因而欠缺寧靜的心境擁抱愛！

宇宙洪荒，時間無涯，人海蒼茫，而我們與眼前人，恰恰在此生此世，此時此刻此地遇上，沒有早一步，也沒有遲一步！可以做的，便是簡簡單單手牽手，世界上，再沒有比這更美好，值得感恩的事！

世道無常，生活忙亂，惟與所愛十指緊扣，彼此掌心傳來的溫度與脈搏，能令我找回生命最純粹的喜悅與節拍！

我要說的是：青春不在年齡，而在心境。年青的我，因生活而擁抱滄桑；中年的我，反因覺悟而彰顯朝氣！

時候，我便步入生命裡另一個成熟的階段，或真或假，只要無愧於心，也算活得漂亮吧！您呢？您把甚麼致青春呢？

炎夏到了，您要注意飲食，養好聲帶。千言萬語在心中，我們回港後再聚！再跟您詳聊！

珍重！

敬祝

教安

您的學生

璵瀅　敬上

六月二十日

我的青春？現在才開始呢！`0`

祝

學業進步

萍老師 ^v^　謹啟

六月二十五日

消失的人情味

陳樂遙同學

嘉美老師：

感到生活有點洩氣，不能隨心所欲。就想找你當一回筆友，將書信變成一個可以忽發奇想的好地方，跟你分享糾結的煩惱。

現今的人情味好像已消失得無影無蹤。人與人之間欠缺感情連繫，成為互相競爭的一群。弱者會被淘汰已是不變的定律。學校老師剛提及進大學是必經的旅途，因為會影響我的一生，那麼假如考不上，人生會否「玩完」？也因此，同學之間不願意

讓藝術在你人生旅途上一路作伴

王嘉美老師

樂遙：

沒想到畫筆以外，我們有機會提起原子筆作一番書信對話，使我訝異的是平常活潑靈動的小妮子竟有一番心事。你感到煩惱，因為同學們為了自己互相競爭，沒有人情味。如果我說我們先別批判或質疑競爭，只要那是良性的，得當的，有一股使我們向前的力量，也不是壞事，你說是嗎？而且我們畢竟不是活在森林的動物，內心所持的道德標準斷不會推使我們隨意做出傷害任何不及我們的人，

互相請教或解答疑問，成績理想的同學更甚。他們害怕教懂其他同學後，便會被超越，因而萌生自私的心態。現在我覺得處理人際關係也是一件累事。究竟進大學真的會影響人生以後的路嗎？還是我必須受制於香港的教育制度而動彈不得？

我真的很想在大學主修中史和視覺藝術。無奈，學校卻以資源不足為由，不開辦視覺藝術作選修科目。我很憤怒！我無法從打好基礎的途徑進入視覺藝術科。日後有機會從事有關藝術的工作嗎？雖然日後各有各走的路，最終我會找到日後的路，但可能會減少了接觸藝術的機會。日後我可以當藝術家嗎？

拿起畫筆，隨意調色，再塗上顏料。真暢快，同時又能抒發自己，放下煩惱。我承認我太急於要塗上顏料，沒有思考完整的構圖，常常不顧後果，

反而會加倍關懷比較弱勢的一群。你是善良和富正義感的女孩，你要對自己及對人之良善有信心！另外，世間的人或事物，並不是在超級市場中販售的商品，也不是工廠生產線上倒模的大貨，大家性格不同各有情志，如果能明白及包容，多發掘每人的優點及不同面，不要求每人的行徑都是一致或與你的意思相近的話，那麼你會放下很多疑惑與不忿，會活得輕鬆，快樂及更踏實些！

你說你想在大學主修中史及視覺藝術，很為你高興，你有了明確的目標。但你又對學校沒有具備常規的視藝學科作為選修科而感到不快。我想這點無礙，因為坊間有各式各樣的畫室及校外課程，包含的課程也各具特色，可彌補現存制度之不足，也會為你將來之學科奠下基礎。至於入大學之事，只要我們提起幹勁，肯下工夫，提早做好準備及計劃

完成作品後又後悔了，我是一個不細心的女孩，也沒有耐性。在畫室的學習時光，有時候連你也會是我作怪的對象，可是你沒有生氣，也沒有揭發我，反而不動聲色地配合我的反斗大計！我猜想日後不會找到一個像你般的亦師亦友，多謝你！在你畫室的學生之中，我肯定是最頑皮，也是最沒有耐性的一個吧？我最大的問題是沒有耐性，常常分心，但謝謝你的支持和教導，願意與我一起嘗試不同的技巧與玩法，讓我逐漸懂得找尋過程中的樂趣。

記得你曾說過很欣賞我的爆炸力！因為我實在喜歡不用起稿，隨興即起鋼筆畫！尤其在寫生時以周遭的人事物為題材，不論身旁的千年老樹，還是那一朵花都可以成為畫中主角，那隨意的感覺令我著迷，超現實畫派也是另一個令我釋放自己的小天地，不用按照常理與邏輯，也沒有對錯之分。我是

一下，並盡己之能好好發揮，那麼成敗如何也是無悔的，大學只是我們人生中的一個驛站，在香港，大學的入學率大概是百分之二十左右吧，沒有考上大學的也比比皆是，難道這些人也將全部玩完？不會的！

作畫中我知道你較喜歡直覺式的即興創作，也著迷於超現實畫境潛意識的寓味中，是那種不按常理，不必合邏輯的發揮，所以你也一直略去構圖的鋪排及調色的準備工夫等。然而繪畫，也就是造型的藝術，雖然它存在於不是真實的假空間，但呈現出來的面貌，卻是屬於你最深的內殿，所以準備的工夫不能少。熱情固可迸發一時，但無論多可取的創作意念都必須依恃穩健的功夫技術去實踐才可牢靠，否則再多的靈感湧現你也無能力捉住！創作意念再多再密也會因為功夫的不到位而消失如火花的

愛藝術的女孩！從繪畫中給自己一個舒適的天地，享受它給我的一番新體會。這是藝術對我的重要性，我一定不會放棄它！

走筆至此，已到睡覺的時候。信就寫到這裡，希望可以如我所願進入大學，畫畫技術繼續提升，而不會浪費老師的心力。

祝

龍馬精神

陳樂遙

一月十五日

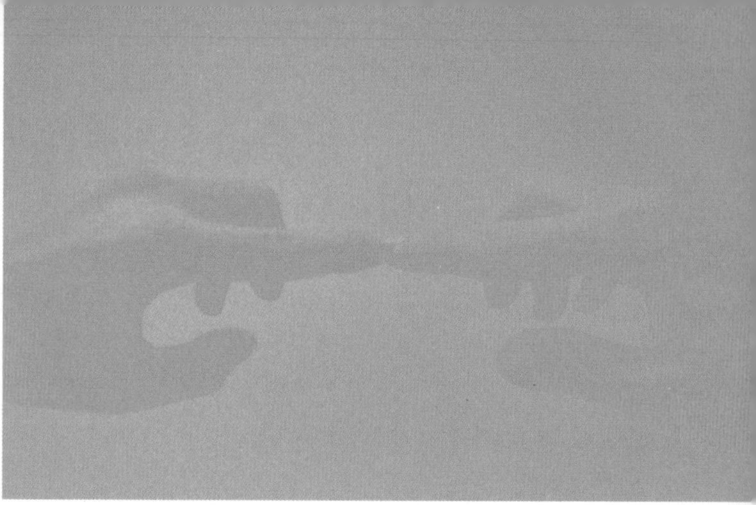

那一剎，極速燃燒殆盡，徒勞無功。所以不要害怕反覆的練習，我知道那是乏味的，然而藝術的作品終究不止於情緒的發洩或快感的滿足上。

學生之中喜歡與你不著邊際地談話，你想得快，動作也快，觸礁碰壁打翻色盤的事自也不少，雖然你缺乏耐性，需要鍛煉，但是你思維節奏明朗快捷，你的率性與果敢使你對選用題材這方面大膽且直接，這些都體現在你的鋼筆畫創作形式上。你也是個快樂的女孩，常常為畫室各人帶來歡笑，記得你說過父母取你名字的喻意是希望你的人生能快樂逍遙！所以暫且放下惱人的升學壓力與人事煩惱吧！享受專屬於你的這種藝術性格！好好珍惜它，並由衷希望你的藝術之路既廣且闊，讓藝術在你人生旅途上一路作伴！

祝

畫功精進！

王嘉美

三月十四日

留學的迷思

陳樂炯同學

黎老師：

好久沒見，近況怎樣？得悉你現在大學任職，各位同學都很替你高興。不知你滿不滿意你的新環境？

此刻的我，已在英國，準備下學年到該地升學的事宜。和你一樣，我也要應付新環境的種種挑戰。我初到英國，就結識了來自世界各地如意大利、德國、日本等等的新朋友。在香港上課時經常發言的我，可能因為面對陌生人害羞的關係，竟變成一個

沒有人是一座孤島

黎漢傑老師

陳同學：

你好。收到來信，倒教我意外。平日上課下課，我們交談的機會不多；當下重複數了又數，和你閒談功課以外的，也只有孤寡零丁的三、四次。到了今天，你我各在地球的兩端，卻還能魚雁往返，相信是我做了一年老師最好的禮物。

你透過自己的經歷總結中西之間的不同，已是認識差異的最好方法。相比我每天待在象牙塔裡讀書作繁瑣的分析，更能貼近事實的真相。所以，在

這方面，你大可不必聽我意見，更何況意見，往往只是一己的偏見，沒多大用處的。

我覺得，唯一的問題是你要如何去認識和了解對方。相信你也知道中醫是用「望聞問切」的方法為病人診症，其實推而廣之，面對一國的文化，也可以用同樣的方法尋根問底。例如你可以多仔細留意身邊的一事一物，這就是「望」。有時候，最容易忽略的尋常日用，反而最能夠體現當地人的所思所想。這一點，好像是老生常談，但要落實卻並不容易。

我們每天的生活已經非常忙碌，哪有多餘的時間去理會別人？然而，人生下來就不會，也不可能是一座孤島。注定要和其他人接觸、交往、合作。但人與人之間，總是誤會處處，皆因大家都缺乏彼此了解的基礎。誤會的惡果，小的如夫妻離異，大

的如國族衝突，明顯大於當初安逸怠惰的好處。利弊明白如此，時間，還會是我們推搪的理由嗎？而「望」，正是認識一切的開始。

「聞」，就是傾聽。你初到英倫，留心一下當地人的語言，往往會有驚喜的發現。因為語言也是反映文化特質的一部分。愛斯基摩人形容白色的詞彙就是一例。我們生活在城市，見到白色只會乾巴巴說它很白，或者不怎麼白。可愛斯基摩人卻不，他們長年生活在冰天雪地，白色就是他們的世界，所以我們視若無睹的白色，在他們眼裡就有著極其豐富的層次和色彩，如陽光白、反光白、北坡白、南坡白、晴白、陰白、風白、雪白、日白、夜白等等。你看，一個平凡不過的字，已經是一部文化史了。

自己努力去看，去聽，固然是了解別人的好門徑，但如果不通過「問」，進行交流，又怎能知道斯文嫻靜的小女孩，給那些時時刻刻都非常健談的外國學生比下去了。後來，我還是按捺不住自己的真性情，在課堂上小組討論時大發議論，滔滔不絕，令大家都驚訝不已。不過我卻很開心，終於能做回真正的自己。

之後，我更積極參加學校舉行的各種活動，如到的士高跳舞、歌唱比賽、才藝表演……才兩個多星期，我已完全融入英國多姿多彩的校園生活了。而令我印象最深刻的，是在的士高跳舞的那一夜。會場內，伴隨輕鬆的音樂節拍，所有人都在盡情舞動自己的四肢。然而，八十名參加者中，只有一成是東方人。這使我感到疑惑，是不是東方人因為家庭管束較西方嚴謹，不能釋放內在的自己，所以比較保守呢？看到在場的西方同學每一個都有說有笑，主動結識新知。相反，在場的東方同學卻大多

自己的見解就一定是正確呢？人是自我中心的，只會看到他想看到的，聽到他想聽到的。往往需要他人來充當批評者的角色，才可以時刻保持清醒。聰明賢達如孔子，入廟觀禮也是每事必問。因為他知道，惟有和人對話，才能明白自己的看法是對還是錯。對的可互相嘉許，錯的可借機修正。而在這一問一答之間，知識也就慢慢累積了。

至於「切」，我的意思是希望你能在接觸新朋友時，不要先入為主地以他們所屬國家的文化特質來定義他們。中醫切診時是透過按壓每個病人的脈象來診斷病情，同理，我們評價別人，無論是甚麼國族，也要一個一個分別對待。你在信中問我是不是東方人因為家庭管束較西方嚴謹，不能釋放內在的自己，所以行為比較保守。我想這個想像，只能是個大概而已，不能希望它放在四海皆準。道理其

實很簡單，很多外地人會說香港是商業城市，人人只會向錢看。但是，你翻開報紙，依然會看到很多捨己為人的故事。這不就證明了某某國的人一定會有某種特性，其實是一個天真的謊言？而人，之所以有血有肉，就是因為我們擁有獨一無二的靈魂。所以，認識新朋友，絕不能單純以一個方程式去應付了事。這個任務，對年輕的你可能太沉重，但我肯定在整個過程中，你學到的，會比課堂多，而且更有用。

我想，你的親朋戚友主要是因為你去的士高跳舞，刻板地覺得那是壞地方，才會有此想法。然而，你是在理性分析後，才參加的活動。過程中也沒有不合乎法律道德的事情，那麼你根本不用後悔或自責。我們不是常常聽到一些道貌岸然的先生女士抱怨人心不古，世風日下嗎？但是這種高見，在有文拿著飲料，呆呆的在等時間流逝。這令我不期然想起中西文化差異的問題。對此，不知道老師有甚麼看法呢？

雖然我在學校最終能放膽表現真我，嘗試了一些我在香港從未參加過的活動，可是親戚朋友卻一致不表認同，認為這是學壞的先兆。有些在港的好友更說我的性格變了，行事作風不像香港女孩。其中一位更因此和我反目，原因是他不喜歡和一百八十度大轉變的「洋女孩」交往。這令我很苦惱，我自問即使一個人在外地，做任何事之前也有深思熟慮，絕非任意妄為。而且，我的本質根本沒有改變，只是希望見識多一點，改善自己而已。難道這樣做是錯嗎？我不禁懷疑，是否要做回一個大家都認可的香港女孩？

我身在外地越久，就越擔心自己日後的中文

字記載的歷史就已經流行不絕了。如此老掉牙的看法，其實不用掛在心上。自己的言行，向自己的心交代就好。而且，新事物帶來的衝擊，正是青少年成長的養分。要不然，整天唯唯諾諾，是不會培養出一己的性格，更別說擁有獨立的思考和眼界。

朋友的誤解的確會讓你非常困惑，我也曾經歷過。那時，剛升上中六，我由理科轉讀文科。在文科班，我是新面孔，和同學談不上深交；在理科班，同學則視我的轉向是鬧劇，態度逐漸由冷淡、漠視變成敵意或者嘲弄。這樣的景況，應該比你的還糟糕吧。不過，時間永遠是最好的良藥。不是它有東西令我們改變，而是它令我們體內的東西改變。當年，我的同學過了一陣子，覺得又疲又累，也就慢慢接受我的新身份，和好如初了。而你的朋友，我想，他的耐性還不及我那些舊同學呢。

水平。在英國讀書雖然英文程度會比香港學生好一點，但因沒有中文課，中文就不是香港學生的對手了。數年後，此消彼長，回流香港考大學時很可能會因中文成績而錯失入學機會。這真令我頭痛萬分。

走筆至此，已到睡覺時候，信就寫到這裡。希望寒假回來時，能找老師暢談。

祝

工作愉快！

陳樂烔

八月一日

你擔憂自己未來的中文修為，是成功的第一步。其實，學習語文，無論何時何地，多讀多寫都是不二的法門。讀的時候宜精不宜多，才能領會作者寫作的筆法，記在心中以便日後模仿；寫的時候寧濫莫缺，要求自己每個星期寫一篇隨筆，不要因為「無事可記」就擱筆。這樣，中文自然進步。所以，不用擔心，你在英國，沒有中文課，還是可以學好它的。問題是你願不願意，如此而已。

希望未來在寒假相見時，你依然是那個充滿主見，擇善固執的你。祝

生活愉快！

黎漢傑

八月九日

團體的益處在個人之上嗎？

呂曉華同學

影雪老師：

您最近好嗎？暑假過了一大半了，也表示我們已沒見一段日子了，「雪雪」，我好想送您一個溫暖的擁抱，有時在學校裡面不能對您太熱情，但不打緊，您明白就夠了！還記得嗎？我們午餐的約定啊！

不知道您最近過得如何，我的波折倒有點多了。我在教會委身事奉，本是值得高興的事，一談到「委身」，當然想為神做得更多，可是我發現自

順其自然未嘗不可

莫影雪老師

曉華同學：

我很高興，真的很高興，收到你的來信。也謝謝你的信任，你的分享很真摯，我知道你也很疼我。

有關「委身」的事，我想那些聖經上的金句、道理，你也聽了很多，我也不想贅述。簡單的，從個人感受跟你談談吧。首先，你願意下決心做一件事，我要讚賞你。其次，年紀輕輕的你努力尋求適合自己的方向，我要讚賞你。然後，即使心中有千百萬個不願意，你仍然願意嘗試，我要讚賞你。

己無法選擇想做的事奉，「委身」好像把我逼到了一個死胡同，我想以音樂事奉神，做和唱、彈結他，但教會需要的是領袖、是組長。

我的組長對我有很大的期望，畢竟他很用心栽培我，但是我不想勉強自己，不想只用軀殼去事奉，由小時候開始，我就覺得音樂才是我的「恩賜」，在這方面我算是略有成就，「委身」的概念中，提到我們要找到自己的「恩賜」，選擇合適的事奉，但又提及要把整個團體的益處放在個人益處之上，我不明白……我不想成為任由擺佈的羔羊，我開始覺得教會好像要我失去自由，每天做著自己不願意做的事，我做不到……有時，我寧願做個「自修的」基督徒，我寧願自私……

另一方面，是關於我的家，我知道父母工作很辛苦，我每天都會問他們：「餓不餓？累不累？」

你知道，你有多好了嗎？人生中，我們總會面對一些兩難的局面，但不要忘記，我們要走的路還很長，正如一齣舞台劇，有起承轉合，開始有時、轉變有時、落幕有時。本來，你應該在第二幕上場當女配角的，第二幕你順利完成了，本應輕鬆期待第三幕的到來，倏地，男配角在第三幕上演前暈倒，這時只有你有能力替代他，你會如何選擇？這只是一個不嚴謹的問題（不用想，我是女的，如何成為男配角，戲劇世界，扮相比性別實在），但我想你有答案了吧。因為現在的你，有這樣的能力，而教會剛好需要你這方面的才能，便把你放到了這個位置。雖然，未必能發揮你最擅長的地方，但「委身」是一場持久的戰爭，我想，只要你不忘初衷，總能發揮你仿如陽光的感染力！

當然，如果真的覺得力有不逮，也不用把自己但是媽媽每次都總是把我罵得狗血淋頭，有時也會說些粗言穢語，叫我閉嘴，別多廢話，不過沒打緊，我知道她是疲累了，相對以前，我們的關係，其實也一直在進步。而爸爸則是最疼我的人，他很愛我，也很寵我。或許，之前我未懂體諒、未懂了解他們，所以關係有時會很緊張，但不打緊，現在的我

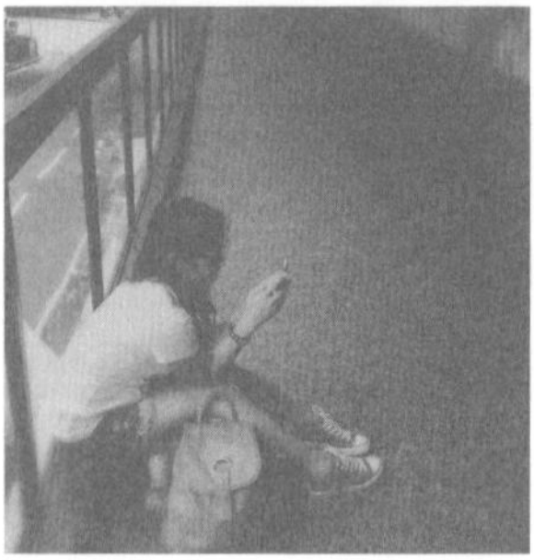

「逼上梁山」，靜下來，放慢調子，你會發現，有些事情順其自然，也未嘗不可。走到這裡，跟預想的不一樣，這才是人生。

就像你的家，雖然開始的時候可能走在崎嶇的路上，甚至因為誤會，而漸行漸遠，但現在的你學懂了付出，也學懂了體諒，所以，不用怕，縱然有疲乏的時候，互相守望，在同一屋簷下，其實彼此也在付出。跟你說啊，我也到現在的年紀才體會到，父母其實也是從孩子變成的，你明白這句話的意義嗎？從來沒有人能明確的教導我們如何為人父母，因為這一課，內容實在太廣，也沒有一定的評核準則。由別人的孩子到孩子的父母，經過的路，我跟你或許仍沒法明白，因為我們也還沒有走過那條「任重道遠」的路。他們曾經的徬徨、擔憂、不安，是我們未能理解的。所以，有時容易彼此誤解。

懂了，就讓我學會付出更多，再多疼他們一點。有時，年少的我會感到愛莫能助，眼見他們每天勞苦的工作，但我又能做些甚麼？最多只能為他們燒飯煮菜，掃地拖地，心不禁酸了……

或許學生不會跟老師說這些吧，但我知道您會跟我促膝詳談的，期待您的回覆。

祝

工作愉快！

學生
呂曉華
八月十二日

但現在的你，開始慢慢懂得，他們的「不容易」，甚至希望為他們分擔，你知道嗎？這是多麼令人鼓舞呢！魯迅的《故鄉》中這樣寫：「希望是本無所謂有，無所謂無的。這正如地上的路，其實地上本沒有路，走的人多了，也便成了路。」雖然內容取向不一，但想借末二句告訴你，只要你堅持去走，荒野之地，也可闢出新路。

華華，我們的未完之約，有待九月三日後再續。

莫影雪
八月三十日

忙碌過後，得到甚麼？

藍佳鈺同學

陳老師：

中學畢業後，一班同學各散東西，有幾次班聚會我都沒能出席，倍感遺憾。我不擅言語，寫信或許更能表達我的想法。

您自中四時便擔任我的班主任，常苦口婆心提醒我們時間不多，須努力讀書。幾句簡單的叮嚀，讓我不敢有絲毫懈怠。當時我的目標是考上大學，每天分配好時間，沒日沒夜的複習、做練習卷。稍有偷懶之意，老師便會嘮叨：大學學位競爭大，努

煽風點火

陳永康老師

佳鈺同學：

恭喜你順利升學！

對於你信中提到的問題，我想和你分享最近與樂瀅同學的一次聚會。席間她同樣提出了類似的問題。

樂瀅同學說現在的學業遠比從前輕鬆，大專功課不多，課間休息的時候，大家總愛圍坐一起玩手機、上網、聊天。有時無所事事，便發白日夢。沒有課堂的日子，一個人呆在家中，就倍覺空虛。她

對於自己現在所讀的學系說不上喜歡，也說不上不喜歡。不過，內心總是想著先前想報讀，卻最終沒有選擇的「中醫學」。彷彿失去了奮鬥目標，心中好像沒了從前的那團「火」……

我說，就讓我們來找找這「火」種到底甚麼時候燃起來的吧：

那是很久以前，我們入學讀書，由幼稚園到小學，再由小學升上中學。在這十多年漫長的學習生涯裡，我們都有一個十分清晰、遠大的目標——將來讀大學！做一個有用的人。我們心中的那團「火」就這樣由小到大，一直燃燒到「會考」。可以說，我們幾乎把所有的「火力」，都集中到這場影響我們一生的「會考」上。特別是到了最後三年的「新高中」，那團「火」更是愈燒愈旺。然後我們終於要上戰場，面對準備已久的大考驗，最終順利跨過

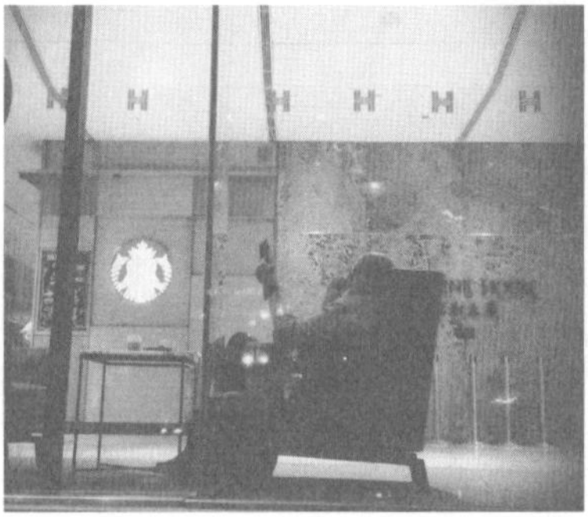

了「會考」關。如今一切塵埃落定，陪伴我們的那團「火」也功成身退，熄滅了……

「火」熄了，有人高興得將所有「會考」書籍、筆記扔到九霄雲外；有人卻因為習慣了燃燒，像失去了動力，頓覺無限空虛，甚至生出莫名的「罪疚感」。我想，我們不必因為達成了人生的一個小小目標而樂極忘形，也不要因為適應不來新生活而感到彷徨、自責。目前「熄火」只是迎接新挑戰前的一個「小休」期。在我們漫長的人生路上，還有許多目標和挑戰，「火」還是會有的，只是可能換了個燒的方式吧。

我想起一位馬拉松運動員分享練習的經驗。她說要把自己當成一部機器，她每次跑步累極要放棄的時候，總能克服困難，勇往直前，因為「機器」是不會累的。我又想起工廠裡的機器，每到放年假力啊！無論學習和生活，您都像指南針，指點我前進。還記得公佈大學學位後，您告訴我大學生活應該如何應付，讀完大學後可以繼續攻讀其他課程，增進自己知識和能力。總之不能放棄學習！這令我對未知的大學有了心理準備。

雖然文憑試的成績讓我有多少遺憾，我卻問心無愧，幸好最終也能順利升讀大學。如今上了大學，雖然高興，卻有種莫名的空虛。在大學裡，除了讀書，還有各式各樣的活動，例如每週中樂團排練、音樂劇綵排、表演等。我修讀的科目是「藝術行政」，我經常要策劃音樂會，以累積經驗。大學生活是忙碌的。但每當忙碌過後，心裡還是覺得空落落的。我發現從前的那團「火」，沒了。

我曾自問：為甚麼「火」會沒了？忙碌過後，得到甚麼？對於未來有何打算？我不知道。失去動

的時候，負責保養機器的師傅們，總要在假期裡抽空回工廠，開動沒有工作的機器。師傅說機器不可以「閒下來」，不然的話就容易生鏽，因而出毛病。開「空車」原是為了保養。

你們目前的情況，就有點像開「空車」——升學之後，失去了清晰的奮鬥目標，每天上學就好像開「空車」。樂瀅同學面對的是失去奮鬥目標的空虛，你面對的是「忙碌過後的空虛」，但性質是一樣的。你說大學生活忙碌，經常要籌劃活動，這與你學習的「藝術行政」有直接關係，本來可以累積經驗，學以致用，是求之不得的。怎麼靜下來的時候，卻有「心裡空落落的」的感覺呢？這與你熱愛表演、享受演奏有關。說穿了，你真正的興趣可能不在「藝術行政」，而在表演藝術。所以我說你與樂瀅同學的情況一樣。該如何把握這段不知為甚麼

力多少也影響我學習。或許這就是大學的學習模式：凡事要學會自己思考，然後解決問題。不像中學時期，凡事都找老師幫忙，大學裡不再有老師的叮嚀和提醒。這讓我不禁又回想起高中的生活點滴。不知陳老師近來生活如何？是否又開始督促學弟妹們努力學習應付考試？

敬祝

教安

學生

藍佳鈺

二月十七日

而努力的「開空車」時光呢？我們得先認清楚「開空車」並非壞事：它一方面能讓我們保持奮鬥心，不會讓我們「生鏽」，另一方面也讓我們休養、整頓，從而認清自己事業發展的方向、尋找終身奮鬥的目標。

我不想說「騎牛找馬」之類的取巧話，我給樂瀅同學的建議是，在繼續學業的同時，好好利用課餘時間，多方面發展自己的興趣，從而認清自己的發展方向，然後重燃那團「火」。比方她可以「雙線發展」，自修「中醫學」。你的目標相對比較清晰，我建議你不要放棄自己的專長，目前除了讀好「藝術行政」，也不要忘記進修表演藝術。你們都很年輕，有足夠的時間「開空車」，也有足夠的活力燃點多個「火種」。終有一天，你們都會找到能讓自己的生命不斷發熱、發光的「火種」。於是我

們無懼開「空車」；於是我們明白人生不同階段有不同的「火」。「會考」熊熊烈火之後，我們需要的可能是較溫和、可以陪伴終生的「文火」。

如你所言，我目前又在給你的學弟學妹們煽風點火。

祝

學業進步！

陳永康

三月十日

理想都是空想？

少鋒同學

宋老師：

輕吹髮蔭，原來認識您四年了。您曾說當年在中三，我問過有關寫作的事，那是一個短暫而又不露骨的了解，中四到中六，上了三年您的課。想來，離校之期就在腳尖的前方，不捨之情如瀰漫著窗上的薄霧。

今年我十八歲。八、九歲的日子是我童年的轉捩點，來港多年，漸漸愛上香港。然而我對童年生活的回憶，還是不能靜止。人大了，框架漸多，想

如茶杯留在玻璃桌面上的印

宋思進老師

少鋒：

窗上的霧似乎是難以消散的了，當我們終於弄清了這一刻，不消一會潮濕空氣又會結聚在玻璃上。我們也許忘不了過去，或已遺忘了許多；未能捉緊現在，更休談能看到窗外的時間——大概我和你就有這樣的一點相似之處。我也不怕被人指責身為老師，在學生面前思想不應如此負面，然而三年過去，你我也清楚知道對方是怎樣的人。我們一起讀《涉江》，都明白「吾不能變心而從俗兮，固將

起小時跳飛機，跳過一個框，再跳過一個，彷彿在框架接框架之間生活。到香港之後，還是要習慣。不過比起鄉村，城市更為複雜，各種要求更多，想起那些稻田，卻單純得多。

將近離校，我不依依。人生到處知何似？應似飛鴻踏雪泥。升大學的結果，要看時勢，我知道盡力就好。現在還得等公開試放榜。剛看一則新聞，四科核心科目，要高於十六分才能入嶺大，入中大就更難了，十九分，即要「五五五四」。其實讀書這麼久，自己的程度在哪，當有自知之明，雖知人要積極去想事情，但我心底一直是個悲觀主義者，說一套做另一套。題外話，我也是個理想主義者，因為大部分理想都是空想。唉，在這一刻，我也想要強逼自己，但很難，對吧？

關於將來，像推門的遊戲，推了不知千百次旋

愁苦而終窮」的意蘊，而我們同時又是老莊的支持者。霧聚霧散，起碼屬自然現象，最怕是城內懸浮粒子越飄越多，不但模糊了視線，更令人呼吸困難。

關於我們的城，你說過自己南來後便漸漸愛上香港，我忽然想到了我們的杜鵑茶餐廳。四年多前，一個剛畢業的大學生來到蘇屋邨，對這裡多麼陌生。四年過去，我們都愛上了這個社區，特別是杜鵑茶餐廳的情味。我們不過是在午膳時間來這裡吃一碗沙嗲牛肉麵，喝幾口奶茶；或趁一個要回校工作的週末早上歎半個小時早餐而已。身份總是那樣模糊，你來自另一條邨，我來自另一個區。人來人往間，你我都在這裡遺下了足跡，如茶杯留在玻璃桌面上的印，它們分明出現過，待時間一抹，便失去了蹤影。我想，我們對一個地方的感情就是這樣慢慢加深了。只是我們的城抵不住發展的洪流，

轉門，誰知下一道門要鎖匙，你被逼撞門討死，但怎知一撞就掉下個黑暗的山崖，消防員鋪了軟床，然後撞開一扇隨意門，回到了某一個晚上。老實說，早前一直矢志，要當個大詩人、大文學家，但發現詩人是命定的，文學家這詞太空泛，不如當小說家，集中創作，但原來要靠勤力。如果升上大學似乎會

杜鵑亦隨重建計劃一去不返。田園將蕪，北方的土地也漸漸起了變化，我們能保留下來的，可能只剩下模糊的記憶，如果我們願意記得的話。

蘇屋的清拆工程正進行得如火如荼，原來已到了你們離開學校的時節。面對文憑試，盡力而為就可以了，至於能否考進大學，亦如你所說是時勢使然。還是老套點說，文憑試的成績最終只是過眼雲煙，將來的路如何最終仍要看個人的努力與際遇。況且，學歷真的不能代表甚麼，更不能代表一個人。在這個功利社會，人們就是太看重這些那些數字，常把考試不如意的人視為失敗者，可笑的是能考上大學的人，最後又不見得怎樣成功。不妨浪漫點說，當然我也了解你的為人，你希望能上大學，是因為有研究學術的興趣；如果是為了錢途的話，你根本不會選擇修讀文科。如果你真是個悲觀主義者，那

多一個平台，吸收浸淫，對創作有幫助，不過也不敢說定，還是個人造化重要。其實這股氣勢，中四時強烈許多，拍拖以後，就一直洩氣，連帶校內成績也一落千丈，也不怕說，是相處的問題，愛是愛，相處還相處，我相信您也留意到一些的。

快離校，日後我們可以經電郵或書信直接聯繫，後者感覺較好，如您不介意我欠交功課的習慣（事實上，也不是很多吧）。

祝

天天快樂

少鋒

三月十七日

不論成績如何學歷如何，明天的路總是難走；又，如果你是個空想家，那就不妨說服自己，學問其實無處不在，就算這一刻走不進學苑，也不代表從此就失去了尋求知識、思考人生的機會。但話說回來，未打先輸了陣勢，卻非用兵之道。套用《打擂台》的對白：「要麼不打，打就要贏！」說的是心態，而非結果。贏了心態，就算輸了仗，又何妨？況且勝敗乃兵家常事。所以，你還是應該潛心修煉，準備充足去武林大會。至於結果如何，就隨遇而安吧。

你談及將來，我卻想起過去。雖說未來難測，回首過去，卻發覺原來身邊處處都是預言。中五畢業那年，和同學聲嘶力竭地唱著陳奕迅的《明年今日》，暗地裡卻感慨著畢業後便要和一位自己喜歡的女生各散東西。十數年後，在一次同學的新婚盛宴中，惶惑地等待某人出現，結果她挽著男友進場，我們匆匆打個招呼，這次重遇便結束了。我們愛聽歌、愛看電影、愛讀文學作品，其中一大原因也許就是這份突如其來的共鳴感會令人沉迷好一陣子，像咖啡。我也想過當一個文學家、小說家或詩人，在大學努力了幾年，發覺自己天資不聰，結果便慢慢把這夢想放在一旁了。而你，寫作天份很高，讀的詩也多，文學家、小說家或詩人不過是稱呼，阻不到你的思考和創意。你熱愛寫作，就儘管寫吧！至於你們的愛情，我也不好說，說不定你閱信後已雨過天晴，又或者一切已無力挽回。拍拖並非壞事，只是你們仍需學習如何相處，如何分配時間，如何調整心態。朱天文在《戀戀風塵》中說：「是的，人世風塵雖惡，畢竟無法絕塵離去。最愛的，最憂煩的，最苦的，因為都在這裡了。」大概誰也難以避過這一身客塵的了。

我們都是文學人，書信當然最好，你的字已看了三年，沒有理由看不明白，最怕你思路跳躍得太快，令人讀得頭痛。有書一定會給你，請放心。祝

逍遙自在！

宋思進

三月十九日

胡適

中文名　胡適，字適之

別稱　嗣穈

國籍　中國（安徽績溪）

出生年　1891 年

去世年　1962 年

代表作品　《中國哲學史大綱》（上）、《嘗試集》、《胡適文存》、《白話文學史》、《四十自述》、《胡適日記》等。

名人評語　這個為學術和文化的進步，為思想和言論的自由，為民族的尊榮，為人類的幸福而苦心焦思，敝精勞神以致身死的人，現在在這裡安息了！我們相信形骸終要化滅，陵谷也會變易，但現在墓中這位哲人所給予世界的光明，將永遠存在。

——毛子水撰寫的胡適墓誌銘

生平 /

1891 年　生於上海。

1910 年　考取得清華庚子賠款留學美國官費生，入康乃爾大學，選修農科。

1917 年　擔任北京大學教授。

1927 年　取得哥倫比亞大學哲學博士學位，復與徐志摩等人成立新月書店。

1946 年　任北京大學校長。

1957 年　任中央研究院院長。

1962 年　因突發心臟病去世，享年 72 歲。

金句摘錄 /

- 多談些問題，少談些主義。
- 大膽的假設，小心的求證；認真的做事，嚴肅的做人。
- 做學問要在不疑處有疑，待人要在有疑處不疑。
- 讀古人的書，一方面要知道古人聰明到怎樣，一方面也要知道古人傻到怎樣。
- 有幾分證據説幾分話，想怎麼收穫就怎麼栽。

唐君毅

中文名　唐君毅

國籍　中國（四川宜賓）

出生年　1909 年

去世年　1978 年

代表作品　《中國哲學原論》

生平 /

1909 年　生於四川宜賓縣，半歲後隨父移居成都。

1937 年　抗戰爆發後，任華西大學講師。

1940 年　轉往重慶，任中央大學講師。

1949 年　應邀南下遷居香港，與錢穆、張丕介等人共同創辦亞洲文商學院（1950 年更名新亞書院），兼教務長。

1963 年　新亞書院與崇基學院、聯合書院聯合組成香港中文大學，唐君毅受聘為中文大學哲學系講座教授，兼系務委員會主席，並被選為中文大學第一任文學院院長。

1978 年　於香港病逝。葬於台灣台北。

金句摘錄 /

- 青年之天德並不足貴。只有繼天德以成人德才足貴。故後天的學問工夫決不可忽。後天的學問工夫中，最重要的，畢竟仍是讀書聽講。
- 人的精神應該歸向於樸厚，現代青年之治學做人，也應有點鄉土氣。只有鄉土氣而有樸厚精神之青年，才能真正早學問，是自己成一真正人物。所以在鄉村中的青年，不要氣餒，在都市中的青年，應當時常警惕著現代文明生活的弊害之侵入自己。

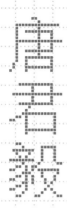

情感寄語

『只要戲沒完，無論悲喜，我們總得繼續演下去。』

承諾，兌現了嗎？

黃韻倩同學

蒲葦老師：

諾，若言。

當腦海裡的想法被訴説了，便成了事實。事實，就是一些無法否認其存在的東西。請恕我用「東西」如此籠統而又虛浮的詞，因為所包含的實在是太多了。

有一種人，可謂是活得最痛苦的：總覺得事與願違，總覺得悔恨遺憾，實是世上最苦的人。

如果我們沒有良知和道義這兩個枷鎖，可能，可以

給V：還要不要做中文老師？

蒲葦老師

Dear V,

高考完了，成績出了，你將來還要不要做中文老師？你滿心疑惑，教了你兩年的文學老師應該出場了。

理想很重要。所謂理想，大義未必在於「實現」，而是在於「追尋」。一直追，一直尋，一直找不到，直至疲累，你還是一樣懷念，那就是生命力，那就是青春。別人都叫你放棄，甚至有人訕笑，你仍然堅持，孤身獨尋。陪你追尋的同伴，由始至

更快樂……

我記得，曾經：

曾經，我以堅定的眼神來肯定自己的志向，然後，得到你一個欣慰、讚賞的微笑；

曾經，我以茫然、空洞的頹喪，走上來，傍著欄杆，幽幽地問：「我該走這樣的路嗎？」你沒有巧言的安慰，只有理性的分析和有力的一拍；

曾經，我雄心壯志、信誓旦旦的跟你立下約定，承諾我會在畢業好好的走，走那條說好的路……

知道，你從不，從不懷疑我。

直到，風不再順著我而吹，水不再惜著我來流；暴風雨驟然降臨！

迷霧中，我看不到方向；於是，我奮力的抓——用盡力氣去找，找一隻可緊緊抓住的手。

到底在哪兒呢？手，只懂向前摸，黑暗的恐懼使我

終只有一個，他叫傲骨。

傲骨，是在不傷害他人的前提下保有自我，既不干擾天氣，又不影響市容，重點在不忘本份。顯然，中文老師是一條不容易走的路，因為旁人太多，噓聲太大。

從今以後，我們再沒課節轇轕，分數高低與我無關，於是我可以名正言順理所當然地偏心你，用所能用的力去撐你。面對班內唯一一個立志繼承老師職志的年輕人，如果我不偏心，恐怕正義的朋友也看不過眼。

知道你聯招選的全是中文系，我表面冷漠得叫你失望，實情是內心竊喜，像一個父親，口中一直罵著犬兒，心裡卻暗喜兒子很有些部分像他一樣。

大概就是這感覺吧，雖然我沒有兒子。

為甚麼我覺得你將來可以成為好老師？對不

失了理性、失了方寸……終於，我抓住了。還未看清，我就捺不住，失聲痛哭；那是一種聲嘶力竭痛徹心扉的哭。

不知過了多久，我張開了眼睛，看看面前的溫暖屬誰——一雙眼佈滿紅筋、臉上有兩道剛滑過的濕痕，努力的，以微笑來使我平靜。

起，恕我直言，我一直沒打算從你的學業成績入手。失望吧？不要失望，成績很好的老師太多了，我見過很多成績無懈可擊但當起老師卻不堪一擊（或激？）的人了。

你最大的優點，是親和力。

親和力，要有，似易非易，也得講天份。有一天，有個中二同學向你訴苦，包括他家的不幸、無助。明知你幫不到，他還是選擇告訴你。這就是親和力，這就是同理心，我以為，師生關係是核心，賣藝式的教學手段，搔得到身痕，卻搔不到深心的癢處。這一處，其實最盼望有人來關注。

當我的年紀逐漸告別將就將就，而至於不親不和的時候，我更加懂得，親和力有多重要。親和力，你不必用上甚麼手段，學生已經願意來親近，這多好哇！我心目中的好老師，不是指點我要這樣我真的記得，我記得的承諾。

我記得，我答應了我會陪你走那條枯黃的路。只要偶爾拾起地上的小石，偶爾跟你談談其實無甚變化的天氣，我知道，就能使你藏著的笑紋隱隱露出。

我記得，我答應了自己，即使未能成為令你自傲的學生，都不能使你蒙羞；我不忍看到你強掩心痛；

如今呢？承諾，兌現了嗎？

我記得……

你的學生

V

七月某天

那樣，也不是好心告誡我要如何迎合俗世規矩的那一種。我最大的盼望，是老師明知我這樣那樣，都願意聆聽我的想法，接受我的選擇。可以罰我，但不要不屑我的不好。鄙視的眼神，像憐憫一樣叫人討厭。

兩年前，中六開學，還不到一個月，在兩節我認為上得無咎無譽的文學課後，你一臉認真，鄭重在門口截停我：「老師，你可不可以轉一轉教學的模式？」我一時語塞，心裡實是很不爽，像一個資深童軍被童子軍質疑，心想：「我身上的徽章多過你家中的總和，甚麼時候到你說三道四？」

直到心魔說累，我再徐徐想起，便能從正面的角度看問題，不得不佩服你的坦率，甚至尊重你是一個可以交手的同學。教學相長，這是一例。

後來呢？我記得我微微調整了教學模式，讓你

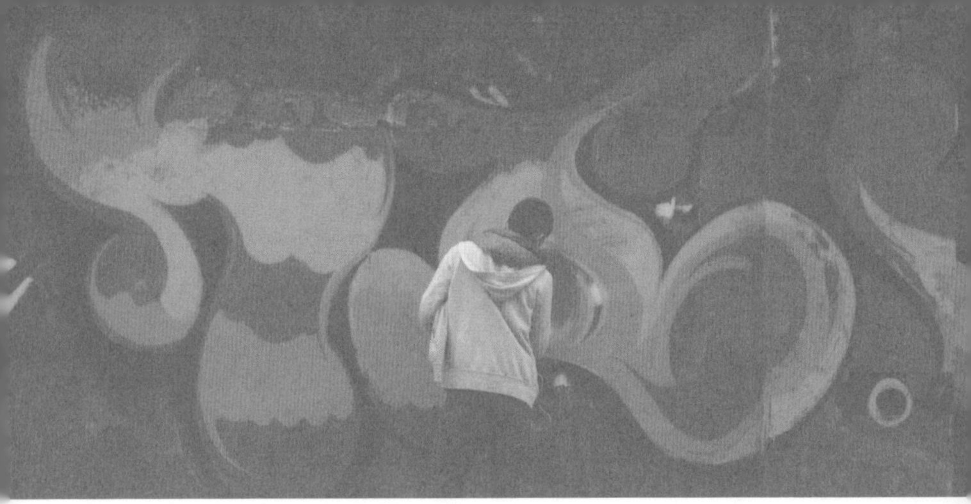

在文學班上有多些說話的機會，似乎再沒有收到你的投訴了，是這樣嗎？

工作於人生至關重要，三十歲前，失戀慘過失業；三十歲後，失業慘過失戀。故此，方向必須明確，擇業必須謹慎。一旦工作，就要立志做點成績出來。

工作和使命感，好比一篇文章的形式與內容。套用孟子的話，是「在位故也」。俗話也說「做這官來行這禮」，老師也是很講實際的工作，不必一來就好高騖遠。舉一個例子，很多二十出頭的年輕人，在應徵老師的信中，動輒就說要以生命影響生命，似乎忘記了自己不過是初出茅廬，他一定有能力去影響別人的生命嗎？不是生命影響生命，腳踏實地的說法，是生命關心生命，是「不獨親其親不獨子其子」，是「大道之行也天下為公」的入世關

懷。你未必有能力影響學生，但V，你一定有關心學生的能力和願望。

至於文藝創作則不然，應該要耍個性，這種特色，你一向亦步亦趨，自有風格。話到中段，容許我延伸一些清晰一些的說，中文老師是職業，是工作，與文人，與創作，基本上是兩回事。文章寫得好，喜歡創作，不見得就能成為中文老師。反之，中文老師也不見得要能寫、愛寫。

工作與興趣，像不穩定的情侶關係，三數日便會吵一吵。文藝、寫作，如果你真要我給忠告，那就是，切莫以為文藝可以代替職業。文藝只能當興趣，像去公園散步，去海旁散心，如果天天如此，反而變得憂鬱。

可以因為已經沒有興趣而放棄成為中文老師，但不要因為遇到困難而放棄理想，這是對理想的無理取鬧。

喧鬧的場景，不是真象。比如說同班同學吧，放榜前互相鼓勵，放榜日抱頭痛哭，擊掌、同情、安慰，全是過眼雲煙。你回家，打開大門，一片漆黑，這場殘局，還是要一個人收拾。你打開面書，這個說入了港大，那個說入了中大，有些甚至說著迎新有多難受。天呀，你看到這些，誰會明白你的心情，誰會憐你寂寥？也許有，但多數，不會有。

高考放榜，之前幾天一直訓練自己不聞不問，決定不早過你們看成績，結果當天一早還是看了；決定不下去課室找你們，結果還是去了。結果，課室未到，梯間就已碰面，L和K陪住你，一早料到，你不可能接受這成績，曾經高傲的眼神直直被流出的淚水肆意蹂躪。

你沒有預計那樣的時候碰見我，似乎哭得更厲

害。你哽咽地說了好幾句對不起，同歌同哭，我一時不知到底是我對你不起還是你對我不起，只知會說對不起的學生已經絕無僅有。

你更沒能預料，之後的事更可怕，我就這樣站著陪哭，眼淚似乎還要比你多。陪你哭，因為你說的對不起，因為我明白這有多失望。我陪你失望卻沒有陪你不甘心，這麼多年了，我早明白考試是甚麼一回事。自己可能失手，但人家的成功絕非僥幸。

好幾年前，有一個做生意的朋友，說你們當老師，生命是黑白的，悶極了。我說有些人很貪心，他既要做老師，又想追求七彩繽紛的人生，可以嗎？為甚麼不可以？追求嘛，象徵耐力又寄寓生命力，結果或許慘白，過程卻多姿多彩。而說穿了，誰人到得最後，不是慘白或者漆黑？

富貴貧苦，人雖有異，仍有太多的相同。愛情，

是萬千感覺，終歸於一場宿命；友情，是千帆並舉，終歸於孤舟疏笠。至於親情，但須擔起大任，根本不容你細細思量。生之責，相同之處難以擺脫，不同之處由你演繹，迸出來的不同光芒，就是理想。你是人生藍圖的畫家，調色板就在自己手上。

最後，我打算從實際的一面跟你分析教師這一行業。

做一個全職的學校老師，初出道時，熱情熱誠，可能是一生教得最好的時光，人工反而最低。一教經年，機心長成，一味逃避、卸責，人工反而最高。要做老師，你先要容忍這一點。

在香港教書，待遇還算過得去，只要不賭，不炒股，不在高峰之時買樓，生活可稱安穩。某天早上，我跟母親說要去旅行，她問我幾多號回來，我說：「學校旅行，地點是香港仔郊野公園。」

直是相顧無言。如此推算，教到四十幾，我還會一直跟朋友說明天水運會、陸運會、畢業典禮，然後再也不想向人提起。都參加了幾十個畢業典禮了，怎麼老像還沒畢業？如果你不覺得這樣彆扭，教書也好。

新人入行，得有心理準備，給你吃的都是豬頭骨。新鮮人新鮮事，雖然難捱，基礎功必能相對紮實。姓「屈」的上司，不可怕，反要感謝他給你學習機會。遇到你看他不起的上司，才叫倒霉，好比一心教育，忽然萬念俱灰。如何是好？轉校吧；再轉又再遇到呢？再轉吧！又再遇到呢？苦笑三聲，轉行吧。教幾年書，才二十有幾，轉行很易。不想轉行呢？可以做補習，你有中文老師牌，大不了私補專補全補惡補。

教師這一行，放學之後，有人三點九走，有人七點九走，那麼，你五點九走吧，已經可以心安理得。根據調查，四成中學生有抑鬱傾向；根據另一個調查，四成中學老師也有抑鬱傾向。稱得上是憂鬱校園了，按此推算，你每天進學校，第一個見到的人，很有可能就是憂鬱人士。你看著他他看著你，你懷疑他他同時也懷疑你，彷彿到處都是憂鬱的逃犯。

如何是好？你的熱情派上用場了，就讓快樂，把憂鬱校園變成歡樂天地。愉快學習嘛，這是你的使命。快樂的人，自有無比的感染力，千萬不要輕視這個特質。

寫完了，你還願不願意走已經稍為迂迴的中文老師路？承諾，會兌現嗎？

蒲葦

七月某天

如何面對失去？

婉瑩同學

超Sir：

轉眼間我們已有半年沒見面了，上一次見面應該是我離港之前一天。還記得我病得挺嚴重，全身乏力。你不但陪我看醫生，還陪我去拜祭媽媽，真是令我既感動又感激！加上那天冷得要命，冷雨綿綿，沒有你陪伴，我一個人一定不能完成這件對我而言最重要的事。在這段不在港的日子，我們也會以短訊聯繫，但我總是説自己的近況，反而很少聽你説。我只知你日常教學工作繁忙。至於其他關於

總得繼續演下去

陳志超老師

婉瑩：

第一次收到你的信，也第一次寫信及回信給你，交換另一半地球的思念，像在無重的赤道上，找到踏實的落腳點。你的信沉甸甸的，幾頁紙雖輕如無物，但蘊含的情感和記憶卻有千斤重，我的心把它裹着，不能自拔地一直往下墜。

還記得當年做了兩個月的實習老師，你每天都帶着微笑，專心地聽我的課，兩眼彎成橫臥的新月，一副樂不知愁的樣子。

你的事，例如你剛搬到一個對著海景的安樂窩，我也只是從面書看見相片才知道。我倒想知道關於你的近況呢！

超Sir，最近我在待人接物方面感到有點迷惘，愈來愈覺得很難找到平衡點。就以我表弟那件事為例，當全部人採取懷柔政策或選擇保持沉默，我的謾罵就會被認為是衝動、生事。其實以往也發生過類似事件。數年前，我家剛發生變化，爸爸鬧很大脾氣，極激動時，我跟姐姐徬徨無助，不知所措。於是我打電話給奶奶及兩位姑姐，希望她們當中會有人到我家幫忙處理一下。結果，平時關係很好，挺疼我們的人，也沒打算要幫助那時只有十一二歲的我們。我當時很失望、憤怒。加上之前一個人照顧媽媽很辛苦，我那刻爆發了，對她們說了些不應該說的話。最終，事件弄得很大，要報警，她們才

你在信中談得最多的是親情，你想深一層，我們在過去、現在和將來所遇到的考驗和歷煉，又豈止親情？一旦走進成年的森林，工作、友情、愛情，等等等等，都會向我們襲來，令人喘不過氣，甚至封喉窒息。在WhatsApp中未能好好疏導你的舊恨，給你適時的安慰和鼓勵，已叫我慚愧；我又怎能殘忍地為你添上新愁？面書在我而言是個報喜的平台，自製良好感覺的工房。然而，那些都不真實，亦不深刻。在你的信中，我看到血與淚，感謝你信任我，我找不到理由不坦蕩地告訴你我的近況。

你有看過走鋼線表演嗎？特技人兩隻手掌心向天，放於腰間以上的左右位置，捧着一根既長且細的棒子，動魄驚心地由此崖步至彼巔。即使天賦異稟，看見腳下深淵千丈，也會心跳加速、額角冒汗吧？我不是特技人，平凡得比常人更普通，但我天

到來，才可以把事件平息。當然，我之後被她們責備。她們所說的道理雖然不太中肯，我本來可以反駁，但我再沒多言。因為我知道，我們心中已有一根刺，關係亦不再像以前那般好。說到底是爸爸不好，我不想我們的關係成了犧牲品。

回想起來，我後悔對姑姐說了不敬的話，畢竟，她們從小就不是生活在同一屋簷下，相處時間少，光聽媽媽、姐姐和我偶爾訴說，當然不清楚爸爸的脾氣有多壞。但我確實抱怨為甚麼沒有一位長輩會在我們狼狽時伸出援手。是我過分要求或期望別人為我們做事嗎？到底應怎樣跟人相處？甚麼時候應該發聲？我真的不太懂，我的性格比較衝動，比較率直，認為好的會讚好；相反，認為不好就會說出來。這種性格，在交際上的確欠缺了優勢。算是不會說話吧！

天卻在逞強走鋼線，一不小心，隨時心碎失魂。

就從工作談起吧，現時的教育工作已經變質，老師動輒得咎，上司、家長、學生和傳媒輕易便可令你握不緊那只得半滿的飯碗，甚者更會被打翻。「沒扣好衣袖的你遲了幾分鐘入課室」、「我兒被你教訓後失眠厭食」、「你專制，不民主」、「你教的科拖累過半數中六生丟失了大學學位」……然而，我也有自己的家，也要兼顧爸媽，爸爸在去年初確診末期癌症，媽媽抑鬱爆發，得了焦慮症，兩老出入醫院診所頻繁如逛街市，檢驗、手術、化療，再檢驗……駭人的病患循環，同時衍生可怕的開支。區區教席，到底還是不能丟。若我把長棒握得更緊，那就錯了，我只能叫自己盡量放鬆，調勻呼吸，控制血液湧進心房的節奏，以及匯入四肢的速度，藉此穩住紊亂的脈搏，憧憬迷霧盡頭就是伊可是在工作環境中，如果只會說好，別人就會認為你是最好欺負的一位，甚麼苦差，總會想到要留給你。因此，我亦認為有必要學懂甚麼時候說好，甚麼時候說不。要學會保護自己，在適當時候，更要學會表達自己的意見。不過，像我這種直率的人，要找出待人接物的平衡點真的很難啊！其實有些時候，我也會提醒自己，不要太容易激動。只要慢慢商量，定能解決問題。但性格嘛，當然不是這麼容易改變，特別在情急的時候。超Sir，你分析力比較強，人生經驗比我豐富，你有建議給我嗎？

其實，對於媽媽的去世、爸爸的壞，數年前跟奶奶、姑姐的矛盾，我一直耿耿於懷。從前我盡力做好每件事，學業、交友從不令媽媽擔心。每當我努力讀書，得到好成績，媽媽所展露的滿足笑容，成為了我的原動力。沒有了她，我好像失了方向，

甸，那兒擺着一個個大小不同、裝飾各異的潘朵拉盒子，靜默，待開。

休管苦或甜，一張張的日曆依舊會被撕去，一切都會過去：甜的，直接促成自己成為一個更好的人；苦的，曲線告誡自己不要變成衰人。

失了原動力。以前有她會為我所做的事開心，現在我做得好不好也沒人管。而我亦難以忘記照顧她的一點一滴——蹲在她病床旁痛哭；看着她日漸消瘦；慢慢地不能走路；不能進食；要靠呼吸儀器呼吸；打針；抽血……看着至親至愛的人這樣痛苦，自己卻愛莫能助，這種難受的感覺真是不能言喻！到了今天，當時每個畫面，那種難受依然縈繞在我腦海。另外，回港總不想留在家。每晚也失眠，倦極了才能入睡，有誰能明白這種感覺？看着物件依舊，人面全非的「家」，我感到孤清、痛苦！那種一家人蝸居在一起的快樂時光，真令我懷念！因此我很想有一個家。每當看見別人一家大小在一起，我的心就不期然酸起來。

前幾天有位朋友跟我說了一句像是很簡單的道理：「人，當然要向前看！」的確很對！不過當人

寫了幾段，像帶你逛荒蕪了的花園。

但人生又何嘗不是呢？試問花園錦簇有幾何？婉瑩，你放不下的，其實不是別人，而是自己。

站在人生的舞台上，沒有既定的劇本，日月是晝夜不滅的鎂光燈，只要戲沒完，無論悲喜，我們總得繼續演下去。有時，你會是痛失阿毛的祥林嫂，悼亡過度，瀕臨崩潰；又有時，你會是奪門出走的娜拉，不顧後果豁出去；亦有時，你會是王菲，哼著「徘徊在似苦又甜之間」……別人要怎麼樣，你和我都無從過問，控制不了，你是你，他是他，各自精彩就好，想得太多太遠太複雜，到頭來傷神的空餘自己。差不多先生道得好：「何……必……太……太認真呢？」不為甚麼，不為誰人，汝安則為，隨心而行，是放下的不二法門。

今母在遙遠那方定必望你活得比她好。

擁有時，當然欣然接受，有時候甚至覺得是理所當然的事。可惜，面對失去，人們總是很難接受，不懂放手。的確，學會忘記、放下，真的很難！到底怎樣，我才能放下，並切切實實的向前看呢？

你現在明白為何我極力掙扎，總想留在這片陌生的國土嗎？其實，我只想尋找一個快樂的落腳點！至少這裡能讓我暫時疏遠種種煩惱，也能令我得到安睡！因此，在未來的一段日子，我將會繼續堅持，好好的預備雅思考試，為自己的未來拚搏！

最後，我用自己的經歷，提醒你要好好珍惜身邊愛惜你的人。不要讓他們失望、傷心，更不要令自己後悔！人生能夠控制到的，的確有限。至少，你要懂得珍惜你現在擁有的。並記着那些你現在擁有的東西，並不是理所當然的。而這封信亦附上一隻放大鏡青蛙，望能助你看清前面的路，讓你跳得

物輕情濃，謝謝你的心意和寄語，你也要努力，考好雅思，謀個出路。我也曾到過澳洲，那裡的風光比香港明媚多了，明天必定是陽光燦爛的好日子！最後，既然你和我的都安裝了Tango，我們就多點聯繫吧！要你乾等兩個多月才回信，我可過意不去！

祝

快樂安康！勿失勿忘！

師友

超

十二月二十日

更遠！

希望超 Sir 能在百忙中抽空回信！祝

工作順利！生活愉快！

學生

婉瑩上

九月二十七日

我們該怎麼活？

古可欣同學

給你和我：

我們要怎麼活？

假如人生是一場甂爐的話，大概我是個偏執的偏食怪人。

世界我們控制不了，年輕時我們還有熱騰騰的血，做湯底。可是酒過三巡後，芝心丸吃膩了，肥牛不肥了，豆腐都滾碎了，加水又沖淡了甚麼？

精神食糧令人滿足又頹廢。書永遠都看不完，電影看不完，音樂聽不完，地球踩不完，煩惱亦然。

你其實已找到答案

許栩老師

回你和我：

假如人生是一場甂爐的話，你是個偏執的偏食怪人，我恐怕便是跟你同枱食飯的另一位吧。

用「打甂爐」這樣趣怪的比喻，我猜想，你接受不了生活與生存之間的矛盾，連比喻也得標奇立異，是嗎？

你問，我們該怎麼活？你其實已有答案。或許不明不白的，只不過是那條孤獨而漫長的路，你多少有點難以忍受，心有不甘，你才會考慮到生死苦有時真的覺得人生沒甚麼意義，反正到最後也是死路一條，難道外星人真的會來接走我麼？

見仁見智的可惜是：藝術是白飯，一天沒米下肚就不舒服，書是鑰匙，有時會找到你特意鎖起的抽屜的匙。電影的語言聽得懂，但看不懂多少。音樂是神奇的藥丸，病人和醫生都是我。畫畫是暴力的行為，赤裸裸的筆觸與心有靈犀最易入口。

我懂得不多，永遠也不夠多。

我們如何在這奇怪的木頭上站穩，還要平衡過一百年？

精神不可以滿足到生理需求，但物質又能不接觸嗎？出家吧，既然生來就是痛苦的，又死不去，想來修心養性，心靈或許會過得去。盡情享受吧，但一不留神就會掉進各種慾望的黑洞。你會選擇怎麼活？

樂的大問題吧。藝術是白飯，是真的；書是鑰匙，也不差。我們都在藝術中覓食，邊吃邊尋找答案，找來文學、繪畫、電影或者音樂，填滿時而空虛的心靈，用負面的說法，我們企圖消除某種存在的荒謬感。實情是，我們欣賞藝術，與作品合二為一的一刻間，那種美感的享受，即便有諸多苦惱，似乎一刻間都被消去了。荒謬不荒謬，你感受不了，站在藝術殿堂裡面，我們往往進入了忘我的境界。你說「人生沒甚麼意義，反正到最後也是死路一條」，我認為，你只是客觀地說出了一條必然法則，卻忘了你從藝術中所找到的，早已令這項法則毫不重要。

愛藝術的，相信通過藝術能帶來心靈的交流與共鳴，得到了美的感動。藝術的形式不最重要，最重要是有心靈上交流與共鳴的對象，藝術活動必然

我想起那套電影 *An Education*，在這個用規則建立而成的社會中生活，很難讓不服規則的人有機會去實踐理想，它會給你一個沉重的教訓，又或者是一個微乎其微的可能。但難道我們就真的要這樣依著些可笑的規則而活嗎？又或者其實我們追求的並不是一條捷徑，而是勇氣罷了？

自己的命留待我自己活，肉體走不出地球，思緒可以跳到宇宙。可是好多時候，當心靈欠缺了交流與共鳴，即使跑得快，但姿勢不正確。

追追趕趕為的是甚麼已經不重要，我不想再坐著，也不要跑，讓我騎上自己的肩膀然後慢慢的走好麼？這個世界會容許我嗎？

不要緊，我們沒有時間，但世界有吧，二十年後你還會記得我們看過的電影嗎？三十年後又會記起我曾經寫過給你的這一封信嗎？五十年後誰會記得那次某人偷偷的在公共泳池裡……一百年後還有

有主體和客體，我們欣賞自然風光，也得感激這宇宙所帶來的一切，更何況藝術作品？你偏食，也得與廚師共鳴，總不能單靠自己去偏執。真相恐怕是廚師準備好包羅萬有的食物，將它們列好在桌上，除了你，桌邊卻沒有別人吧。你的種種考慮，自認是「偏執的偏食怪人」，對「不服規則」有著多少盼望，想自己「騎上自己的肩膀然後慢慢的走」，都是源於世界與你所嚮往的未曾相同。我認同你，這是千真萬確的事，我也有過相似的感受。

我們都遇過這樣的矛盾，我們欣賞藝術的美，藝術的感動，藝術對心靈的昇華，這些被我們堅持的價值，往往不是眾人所好，我們想推而廣之，減低心靈上的鬱悶和寂寞，卻總是落得小眾的下場。我們熱愛藝術，也熱愛著埋怨。作品與我們對上了，亦有人不為所動。我們難以同化世界，縱使我們多麼的肯定，相信藝術能帶來宇宙間最美好的感覺，

你和我嗎？是不是好像楊朱所說的：「腐骨一矣，孰知其異？且趣當生，奚遑死後？」

既然如此，假如我要打一場人生的甂爐，我會是個偏執的偏食怪人，吃我喜愛的，心情好的時候或許提前吃個苦瓜，營養不良，身體不健康，胖到要死時一樣吃，你說好麼，呵呵。希望湯底不會被時間沖淡吧。

古可欣

九月八日

我們也不能強加於人，只有虛心尋找的人能夠明白。我們必須承認，整個世界容不下你，也容不下我，不過那藝術的世界，從來開放著大門，讓擁有自由心靈的人們來去自如。我想起《聖經》的一段話：「尋找，就尋見；叩門，就給你們開門」，我很慶幸能遇上像你的學生，在課堂以外，也在那自由的世界無所不談，在那一邊容許著彼此的存在。

所以，你問幾十年後還會記得看過的電影，以至這一書尺牘，你可別忘了，假如你要打一場人生的甂爐，我將會坐下來，透過蒸騰的熱氣，不時提醒你的偏執不算偏執，我們曾經存在的事實是終究抹不走的，就像豐富萬千的藝術世界一樣。我會對你說，還有比你更健康的人嗎？你下鍋的食物可叫做藝術啊。

許栩

十月八日

無所適從的文化差異

趙子東同學

李老師：

您好！

現在的我，正處於一個非常艱難的生活環境裡。在香港生活了一年多，其間我面對了人生中不可能缺少的家庭與工作問題。家庭方面，令我感到傷心的是昔日對我關愛有加的姑姐，原來已不幸患上精神病。在家的時候，她總是做出一些令人感到奇怪的事情，繼而令我感到不安，感覺是我如同與一個比陌生人還要陌生的親人一起生活，令我非常

學習照顧別人

李卓然老師

趙同學：

你好。細讀你的來信，我百感交集。平日在夜校，下課時已很晚，難以詳談，但在你的信中，我確實感受到你的無奈，希望我的一點意見可讓你釋懷吧！

誠然，現代社會急速發展，很多東西轉變之急速與瘋狂，已超乎人類可接受的程度。你來到香港的這段日子，不知是否也感受到香港人正承受著沉重的壓力呢？如通識課中我曾提及：今日香港，無

無奈，但更令我心痛的是我不能改變她的行為，昔日對我關愛有加的姑姐被病痛折磨，而我卻無力改變。

工作上，我以往曾工作過，可能比其他同學更優勝。當我在國內工作的時候，已有出色的表現。不過，在香港工作期間，我面對不同的考驗，跟外國人士溝通有非常大的難度，因為過往國內並不太著重英語學習，這無疑阻礙了我的工作，於是我在工作上經常處於被動狀態，不能發揮應有的表現，我深深感覺到不進且退這道理。我同時被生活與工作折磨，但我相信，我到最後可以接受並克服困難，令自己能夠成長得更好。

在學校，面對國內與香港學習文化上的差異，我無所適從，在班上也沒刻意與同學們交流，而且我對公開考試課程感到百般不解，我很憂心。我面

論是日用品、交通費、外出用膳之費用、租金開支、樓價等，都叫人難以負擔，的確可用上「百物騰貴」一詞來形容。單是一個「錢」字，不知已奪走了多少香港人的歡顏了！縱然有一日本調查提到香港的男女是全球平均壽命最長的一個地區，看似喜極之事，但如果我們得繼續面對這樣的生活素質，這樣長壽，到底也不知是福是禍了！

當聞悉以往對你愛護非常的姑姐現在患上精神病，也難免感到唏噓。面對突如其來的轉變，誰不疲累？不過現今社會，精神病患者漸多。根據香港心理衛生會指出，平均十個人中就有一人在一生中會患上精神病，我想那絕對是由於都市生活壓力大所致。不過既然事情已發生，都無謂大費周章去探求病因，反而你應該學懂反過來照顧她，鼓勵她定時複診，吃藥，與她多聊天，相信對她的病情會有

對這些困難，暫時也沒有解決的能力，我希望老師能夠建議一下我該怎樣學習才好，我著實想吸收更多的知識。

書寫至此，已到睡覺之時，希望透過此信，老師會更加了解我。希望以後能與老師多多溝通，從你身上學習更多。

祝

身體健康！

學生

趙子東

九月十四日

不少幫助。以往有一位前輩對我說過：年少的時候我們是被照顧的，到年紀漸大，我們便要學習照顧別人了。這句說話，我銘記於心，希望你也會努力學習如何可以好好照顧別人。

另外，香港堪稱一個國際化城市，多學些不同的語言，對你在香港的職場上定有很大的幫助。以往你在國內說的大多是普通話吧，但來到香港這多元化社會，不努力學習英語不行。不過你亦不需感到太大壓力，現時你唸的中學文憑課程，我相信高中的英文科課程已經可助你與外籍人士進行一般的溝通。只要你上課時留心，一有不明白便勇於向老師請教，該不會有太大問題。如仍有不足，甚或可以補學以往初中程度的英語，打穩基礎。「三人行，必有我師」，你也可向班上英語較佳的同學請教一下。

當然，內地與香港的學習文化甚有差異，不過以你的能力，我相信你很快就可以適應過來。而你現在作為一個夜校學生，時間對你來說是最缺乏的，因你日間需要工作，夜間又要上一整晚的課，放學後也累透了，根本沒甚麼時間可以溫習家課。那麼我的建議，理所當然就是在上課期間，只要你全神貫注，記下老師所強調的地方，應該問題就不大了，因為夜校的老師通常都是以重點式教授，只要你能把握學習的重點，相信你在測驗考試中也不會有甚麼意外的！當然，如果可以，在睡前五至十分鐘，你能翻看當天的學習重點的話，你的記憶應會更加深刻。不過，我要提醒你，精神和健康也同樣重要，平常星期一至五都要上班上學，到了星期六可以做做功課，溫習一下，但到了星期天也該好好休息，甚至去玩一下，這樣身心才會更健康啊！

現代社會競爭激烈，生活壓力甚大。但願你不會被生活的擔子拖垮，而是從中學會當一個更加堅強的人，能夠對抗生活中所有的逆境！如果有何問題，歡迎你再找我詳細面談啊！最後我以顧城的一首詩與你共勉：

黑夜給了我黑色的眼睛

我卻用它尋找光明

祝

學業進步！

李卓然（藍朗）

十月十五日

如何擺脫懦弱

戴佩詩同學

親愛的欣妮老師：

將踏上成年人的石階，不知這是否令人煩憂更多？最近我因膽怯，不敢向父母表達心聲。得知您與父母關係親密，我甚感羨慕，故我試表達心聲，希望您能引導我。

那時的我還牙牙學語，總愛用我那不成熟卻自感驕傲的小胖腿，左手牽著媽媽，右手牽著爸爸，到處蹦蹦跳跳，鬧個不停。而爸爸媽媽則總以擔心的口吻，勸我不要亂跑。

心動遠遠不如行動

游欣妮老師

佩詩：

年輕的時候，我們總愛期待長大成人的一天，常常幻想將來，對一切未知有無限憧憬，大概是少年不識愁滋味吧。到越接近成人——十八歲的關口時，我們在嚮往中卻又添了絲絲隱憂。

你別看我臉皮如此厚，我也會有羞於表達的時刻。不少時候，我都不敢對爸爸媽媽訴說工作上的艱辛和壓力，只因怕他們擔心，也因為我深知道他們其實比我更憂慮，更勞苦，反而要分享樂事就沒可隨著時光的流逝，我卻好像變回了牙牙學語的初生嬰兒似的，心裡想説的話卻説不出來。

有一次，我見爸爸回家後，甚麼都沒説，就偷偷走到房間。我原以為他只是在換衣服，怎料下一秒，我只見貼滿膏藥貼的背，和瘦骨嶙峋而傷痕纍纍的腿。我的心突然一陣酸，很想過去給爸爸一個大大的擁抱，懦弱卻把我扯了回去。青苦的膏藥味，深深滲透我的心房，久久不能散去。

每個家的另一支柱，想必是「捱怨氣」的最強沙包娃娃——媽媽。

媽媽雖屬不擅長做飯的非典型主婦，但她做飯的心卻不輸不倒翁。

好幾次，媽媽一大早就問我們想吃甚麼，然後就帶著興奮熱情的笑臉，給我們大大的點頭，轉個頭就奔往廚房，一進就是好幾小時。有一次，我進

難度。你在學業、與人相處上遇到難題，也會不知如何開口請爸媽為你分擔解困嗎？

要開口說真心的愛，是一門不容易的課，尤其當長大了，我們要表現自己成熟、獨立、不依賴，又因為害羞、難為情等等各種原因，我們更不好意思開口說愛。不過，不用擔心開不了口便難以傳遞心意，除了言傳，還可以用行動代替話語。

我的爸爸媽媽都喜歡做菜，更常鑽研各類菜餚，希望我們能大快朵頤。他們總有個想法：沒親眼看見你吃東西，那很大機會你是沒吃飽了。這可說是養兒一百歲，長憂九十九的具體呈現啊！既怕兒女吃不飽，又怕孩子穿不暖。媽媽很了解我，知道我不愛浪費食物，她很會抓住我這個「弱點」，幾乎每天都把我的午餐盒盛得滿滿的。我曾聽她對爸爸說，知道我看到一大盒飯後，即使不願意，

廚房的時候，發現爐灶旁放滿一張張食譜，不禁笑了出來。我問她為何要看食譜，她只淡淡微笑：「因我想做你們喜愛的菜。」我沒作聲，只在心裡給她比劃了大大的加油手勢。

終於吃飯了，媽媽滿心期待我們的反應，冷不防姊姊拋出一句「好難吃。」，就把滿桌子的菜都撒上一層厚厚的醋，好酸。媽媽只是微笑著說不要緊，我卻嗅到那一閃而過的酸。我握緊拳頭，好想為媽媽説些甚麼，懦弱卻把我的唇封上。

好幾次外出，我們一家去逛街。爸爸媽媽與我並排，我就憶起了兒時熟悉的快樂。我想握住他們的手，像以前一樣，被溫暖的雙手包藏。然後無憂無慮地，任意鬧騰，聽他們溫煦的責訓。可我仍被懦弱沖走，轉眼間，他們已先前行。

扁扁嘴後又會把午餐吃光，所以給我多準備一點。我生氣嗎？在我飽得撐不下，又趕着要去講課的時候，我自然是感生氣的，即使豐富佳餚有多美味。但我明白，這是愛，所以我把它們都吃下去。

當你的姊姊批評媽媽的時候，或許你不用開口說甚麼，默默把飯菜吃光、陪媽媽洗碗、拍拍她的肩膀、或和善地提出意見，相信媽媽就會明白你對她的鼓勵，而你的意見，她也會欣然照單全收。

有一段時間，每個回校的日子，爸爸都會拖著我的手送我上班。爸爸常問我：「我拖住你返學，你驚唔驚啲同學笑你呀？」「驚咩呀？唔驚。」我跟爸爸說，上課也會講關於親情的課題，學生們早就知道我會跟爸爸媽媽牽手，我一點也不感難為情。爸爸會送我直到學校門口，他一手拖著我，另一隻手為我拿手提電腦。其實有時我並不需要帶電我總是被懦弱牽制，就算對著伴我十六年的父母，依然如此徬徨、驚慌。我這是怎麼了？我怕我會與他們漸漸疏離。欣妮老師，你能教教我嗎？我該怎麼做才能像幼時一樣，鎖住快樂的一刻呢？

學生

佩詩上

二月二十日

腦回家，不過我不想爸爸為我提手袋，所以我選擇讓電腦家裡學校「兩邊走」。爸爸硬要為我提重物，我氣惱嗎？當然。但我明白，這是他照顧我的一種方式，所以我不說甚麼，繼續只讓他提電腦袋，卻暗地裡把書簿都放到手袋裡。

你的爸爸受傷了，看着他刻意躲起來料理傷口的背影，欲語淚先流。爸爸特意躲起來，就是怕你們擔心啊！此時此刻，無聲勝有聲，或許你給爸爸買膏藥，讓他明白你對他的關心和著緊更好呢。

曾經有學生問我，為甚麼會跟爸爸媽媽牽手？你不覺得「醜怪」嗎？我堅定地說：「你想想，小時候也是這樣啊。而且，一輩子就只有這對爸爸媽媽，你應該慶幸，到你長大了，他們仍然願意牽著你走。」我猜，你的想法也一樣吧？心動遠遠不如行動，既然有此想法，何妨多走一步，實踐心中所

想？爸爸媽媽是你最大的支援、最強的後盾，說不定，他們其實也很想牽你的手，可是卻怕被已然成長的你拒絕啊。

人生的路只會越走越短，掌握一天賺一天。我總是想，這輩子，就只有這對親生父母，若我們今天因為不夠勇氣而不敢表達心意，那就少了一天讓爸媽感受我們的愛的機會了。有時簡單如一張便條、一份貼心的小禮物便是吐露心意的「好幫手」。願你永遠相信，爸爸媽媽仍像你小時候一樣，不會拒絕你、不會推開你，只要你願意。

鼓勵你，鼓起勇氣伸出手，重新踏上跟爸爸媽媽牽手，結伴同行的道路。不用費神想如何鎖住快樂的一刻，因為快樂並未遠離你，何必為此傷腦筋？而且，更值得高興的是，快樂就在你附近，隨時等你去抓緊。

佩詩，有天你終於成年，甚至當上別人的妻子、孩子的媽媽後，你會懷想過去，像現在一樣。到那時，或許你會對年少的日子戀戀不捨，或許又會對童年的時光念念不忘，但願你在懷緬過去中仍能展望將來，在回想舊日光影時仍能向前邁進，不停步，緊握屬於你的喜樂。更願我們都能珍惜與家人共處，同路同行的美好時光。

游欣妮

二月二十四日

苦心不會白費

王翠芳同學

陳永康老師：

陳老師，能成為你其中一名學生，真好。早在中二那年我便覺得你有一種特別的氣質，說的不是你的打扮，是你的教學方法與態度。直到現在，也許你不會太留意到我這位小小的學生，但是，陳老師你在我心中留下的印象卻是深刻的。你說過的每一句話，為同學們做過的事，我都會記住……

你的性格很不一樣，令我很佩服。上課時，不論是課文、作業、小測，你都會為我們作最詳細的

點頭領悟，就是教學的最大回報

陳永康老師

翠芳同學：

謝謝你的信！

該怎麼說呢？我雖然不算很留意你這個「小小學生」，卻也對你不算沒有認識。沒記錯的話，你一直讀A班。我知道你向來是一位乖學生、一位好學生。至於你的學業成績，就只有中四起任你的中文科老師後，才有點了解（當然只限於中文科）。我也留意到升上中五之後，特別是這幾個月以來，你的中文成績有明顯進步，希望你繼續加油！

談到我的教學，我只能說「盡力而為」。我切身感受過求學的困苦，到了自己為人師表，就時常提醒自己，教學時盡量代入學生的角色，從而把握學習難點來講解。我也不知道效果如何，學生點頭領悟，就是對我教學最大的回報。至於「敬業樂群」，我慶幸自己是個愛中文、愛文學的中文老師。所以，教中文於我而言，是利人利己吧。

人生在世，要學的東西很多，我視學習為一種生活享受，且我年紀比你們大許多，所以便有「知道那麼多方面的知識」的錯覺吧。還有，我的那些「多方面知識」，不少是要用艱苦生活經驗、甚至用淚水換來的，並不風光。不過，這些經驗，卻又往往成為我寫作的源泉。這就是所謂「禍兮，福之所倚」的意思吧。而所謂「開明」，也可能與學習有關，學習使人更明事理、更心平氣和。另外可能講解。你的教學態度也使我感受到「敬業樂群」的精神。除此之外，每次聽你講課文，你都可以把一篇很古板的文章，發揮得生動有趣，讓同學們對文章留下深刻印象。你還會不時說出很多其他方面的知識，真的很厲害。我沒見過一位老師可以知道那麼多方面的知識。還有還有，我的直覺告訴我，陳

與我讀過一所出名「開明」的男校有關吧，在那裡，我遇過最「開明」的中學校長。

最後說說我對你們班的觀感：你們一直在進步，包括學習態度和學業成績。縱使仍有極少數同學比較懶散，乃至你所說的「對你起了討厭」，那是「孩子氣」吧。當教師的，不會、也沒資格與學

老師你是一個很開明的人，很多事情你都可以憑你的感覺，貼近學生們的思維。你知道學生們在想甚麼，即便是對你起了討厭之心，你也不會介意，也不會去計較。所以，陳老師你真的擁有一顆很寬大的心喔！

這兩年來，我知道你對我們這一班很失望，我們常常惹你生氣。但我相信老師你所做的一切，一定不會白費的。相信我們！

學生

王翠芳上

五月二十七日

生計較這些「恩怨」。我常說，人總會憶起自己的過去，但願我們都無悔青春，無悔走過的路。

十分感謝你對我的鼓勵，我相信你們；也相信自己，我們今天作過的努力不會白費。

抱歉這麼遲才回信。

謹祝

學業進步！

陳永康

六月五日

錢穆

中文名 錢穆

別稱 恩鑅，字賓四

國籍 中國（江蘇無錫）

出生年 1895 年

去世年 1990 年

代表作品 《劉向歆父子年譜》、《先秦諸子繫年》、《國史大綱》、《朱子新學案》等

名人評語 錢先生學問精純，思想疏通知遠，文理密察，以細針密縷的功夫，作為平正篤實的文章。——林語堂

錢先生自幼以中國讀書人之本色，獨立苦學，外絕聲華，內無假借，30 年來，學問局面一步開展一步，而一直與中國甲午戰敗以來之時代憂患共終始。——唐君毅

生平

1895 年 生於江蘇省金匱縣。

1930 年 因發表《劉向歆父子年譜》成名，被顧頡剛推薦，聘為燕京大學國文講師，開始了任教於大學的生涯。

1949 年 應邀南下，與唐君毅、張丕介等學者共同創辦亞洲文商學院，出任院長。

1967 年 應蔣介石之邀，自港遷居台北。

1968 年 遷入素書樓，膺選中央研究院院士。

1969 年 任中國文化學院（今中國文化大學）歷史研究所教授、故宮博物院特聘研究員。

1990 年 8 月 30 日逝於台北市杭州南路寓所。

1992 年 歸葬於蘇州太湖之濱。

金句摘錄

- 中國之將來，如何把社會政治上種種制度來簡化，使人才能自由發展，這是最關緊要的。但這不是推倒一切便可以成功。重要的不在推倒，在建立。……講歷史，更可叫人不武斷。因事情太複雜，利弊得失，歷久始見，都擺在歷史上。知道歷史，便可知道裡面有很多的問題。一切事不是痛痛快快一句話講得完。
- 當信任何一國之國民，尤其是自稱知識在水平線以上之國民，對其本國已往歷史，應該略有所知。（否則最多只算一有知識的人，不能算一有知識的國民。）
- 所謂對其本國已往歷史略有所知者，尤必附隨一種對其本國已往歷史之溫情與敬意。（否則只算知道了一些外國史，不得云對本國史有知識。）

中文名　陶行知

別稱　陶文濬

國籍　中國（徽州歙縣）

出生年　1891 年

去世年　1946 年

代表作品　《中國教育改造》、《齋夫自由談》、《行知書信》、《教學做合一討論集》等

名人評語　古有孔夫子，今有陶行知。——郭沫若

敬愛陶夫子，當今一聖人。——董必武

陶行知

生平 /

1891 年　生於徽州歙縣城西黃潭源村。

1915 年　獲伊利諾大學政治學碩士學位後，入讀哥倫比亞大學教育學院，其間哲學家、教育家約翰·杜威「教育即生活，學校即社會」的觀點對陶行知產生了很大的影響。

1917 年　應南京高等師範學校校長郭秉文之聘，提前回國，在南京高等師範學校主講教育學、教育行政、教育史、教育心理等。

1923 年　辭別國立東南大學（南京高等師範學校於 1921 年改為國立東南大學），專任中華教育改進社總幹事。後赴各地開辦平民識字讀書處和平民學校，推動平民教育運動。

1935 年　與宋慶齡、馬相伯、沈鈞儒、胡愈之、鄒韜奮、李公樸等發起組織「上海文化界救國會」。

1945 年　當選中國民主同盟中央常委兼教育委員會主任委員，兼教育委員會主任委員。

1946 年　1 月，創辦重慶社會大學，推行民主教育，「大學之道，在明民德，在親民，在止於人民之幸福」。7 月，因突發腦溢血在上海去世，葬於南京曉莊。

金句摘錄 /

- 中國要到甚麼時候才能翻身？要等到人命貴於財富，人命貴於機器，人命貴於安樂，人命貴於名譽，人命貴於權位，人命貴於一切，只有等到那時，中國才站得起來！
- 每天要四問：一問我的身體有沒有進步？二問我的學問有沒有進步？三問我的工作有沒有進步？四問我的道德有沒有進步？
- 捧著一顆心來，不帶半根草去。
- 千教萬教教人求真，千學萬學學做真人。
- 要把教育和知識變成空氣一樣，瀰漫於宇宙，洗盪於乾坤，普及眾生，人人有得呼吸。

杜威

中文名　約翰・杜威

別名　杜威

英文名　John Dewey

國籍　美國（佛蒙特州）

出生年　1859 年

去世年　1952 年

代表作品　《民主與教育》（Democracy and Education）、《哲學的改造》

名人評語　自從中國與西洋文化接觸以來，沒有一個外國學者在中國思想界的影響有杜威先生這樣大的。

——胡適

生平　/

1879 年　畢業於佛蒙特大學。

1884 年　獲約翰・霍普金斯大學哲學博士學位。開始在美國密西根大學授課。

1896 年　創立一所實驗中學作為他教育理論的實驗基地，並任該校校長。

1902 年　開始兼任芝加哥大學教育學院院長。

1919 年　來到中國，先後在北京、南京、杭州、上海、廣州等地講學，由胡適等人擔任講學的翻譯。

1921 年　離開中國，回哥倫比亞大學繼續任教。

1952 年　因肺炎去世。

金句摘錄　/

- 找出一個人最適合做的並保障他（她）能夠去做的機遇環境，是通往幸福的關鍵。（To find out what one is fitted to do, and to secure an opportunity to do it, is the key to happiness.）
- 失敗有其教育意義。用心思考的人從成與敗之中學到的一樣多。
- 教學必須從學習者已有的經驗開始。
- 讀書是一種探險，如探新大陸，如征新土壤。
- 自我不是現成的個體，而是藉由行為抉擇而不斷塑造的個體。（The self is not something ready-made, but something in continuous formation through choice of action.）

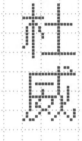

海倫·凱勒

中文名	海倫·亞當斯·凱勒
別名	海倫·凱勒
英文名	Helen Adams Keller
國籍	美國（阿拉巴馬州，塔斯比亞）
出生年	1880 年
去世年	1968 年
代表作品	《海倫凱勒自傳》（*The Story of My Life*）
名人評語	19 世紀出了兩個了不起的人物，一個是拿破崙，一個是海倫·凱勒。 ——馬克·吐溫

生平 /

1880 年 出生在美國阿拉巴馬州的塔斯比亞城。

1882 年 因病失去了聽覺和視覺。

1904 年 以優異成績從哈佛大學畢業，成為首位畢業於高等院校的聾盲人。

1924 年 組成海倫·凱勒基金會，並加入美國盲人基金會，作為其全國和國際的關係顧問。

1946 年 任美國全球盲人基金會國際關係顧問，共訪問 35 個國家。

金句摘錄 /

- 文學就是我的天國。在這裡，我不會被剝奪公民權。任何五官的殘障都無法阻礙我和我的朋友書籍接近和深切交往。（Literature is my Utopia. Here I am not disfranchised. No barrier of the senses shuts me out from the sweet, gracious discourse of my book friends.）

- 當一扇幸福的門關起的時候，另一扇幸福的門會因此開啟，但我們卻經常看這扇關閉的大門太久，而忘了注意到那扇已經為我們而開啟的幸福之門。（When one door of happiness closes, another opens; but often we look so long at the closed door that we do not see the one which has been opened for us.）

- 雖然這個世界充滿了苦難，但是也充滿了很多解決克服的方法。（Although the world is full of suffering, it is full also of the overcoming of it.）

編後記

願你一切都好

——最純最真的師生情誼

「人家也教書，一份工已忙到不可開交，你還有時間編書寫書？」朋友起疑。

「因為我不甘心，而且還很貪心。」

就這麼斬釘截鐵，狠狠地打發了朋友。到得自己一個，朋友的話又化成負能量。是的，做一個中文老師，今時今日，要做好「本份」都難，我又憑甚麼不甘心？設若我貪心最盡，又貪到了甚麼？

打開一本考試狀元秘笈，一位中文科考獲5＊＊的狀元說：「老師最重要的作用不在於上課時講解課文內容，而在於下課後解答你對課本和歷屆試題的疑問及在課後為你批改額外功課。」原來，把老師用到盡，就是狀元的成功之道！

誰甘心就這樣被人用完即棄？又是誰偷走了我們一直嚮往的最最純真的師生情意？難道我的月薪純粹代表我提供服務的報酬？

做老師可要成熟一點啊，不要動氣。呵呵，所謂的成熟，所謂的不動氣，彷彿叫人適應某種荒蕪，那裡貧瘠、乾旱，無喜無悲得接近一無所有。

這本書，就是源自不甘心而做的一點點實事。

很貪心與不甘心是難兄難弟，我承認我很貪心，既貪別人所貪，還要在平凡的日子裡，貪感動，貪感覺。從約稿開始，困難總比辦法多，復又擔心沒人買沒人看。

救我的是文字和情意。一段段感動人心的師生對話，有時一個月來一篇，有時一星期來三四篇，我一邊閱讀，一邊為老師與學生的文章定標題。臉紅都要說，對住冷漠的熒幕，我心暖而淚熱。我貪到了，貪到了很多感動，我想起了影響我很多的老師，想起說過受我影響的學生，便又如此這般地，在人家忙到不可開交的尋常日子，奢侈地感動過一場又一場。一方面，情感沉澱復沉澱，另一方面在教育界使出渾身解數，賣弄一連串的生存技巧。我以為，大概誰都在這種分崩離析中過日子，而又習以為常。

日復日，年復年，可以剩下甚麼？應該剩下甚麼？我時而迷失、時而積極得像餓極的虎。早陣子，我去過城大，去過港大，沒料到幾乎每走幾步就看到熟悉的臉孔，他們親切的一聲老師，和煦如外頭的陽光。我知道，日子原來很厚道，它在歲月無聲中厚待著每一位辛勤的老師。

在學生們的信中，有幾位不忘叮囑他們的老師，成書後不要忘記送他們一本。每看到同類的叮囑，就多一份情感的包袱，因此無論如何此書不能不出。要堅持下去，一定要讓這卑微而情意極濃的盼望變成真實。而如今我終於可以說，老師們，你們可以把書送給同學了；同學們，你們可以把書送給老師了，嗯不，買一本吧，買一本送給老師，大家都會更感動。

宋思進老師在此書說：「你來自另一條邨，我來自另一個區。人來人往間，你我都在這裡遺下了足跡，如茶杯留在玻璃桌面上的印，它們分明出現過，待時間一抹，便失去了蹤影。」浪漫如詩，略帶淒美，師生一場，會不會也只能宿命成「分明出現過，待時間一抹，便失去了蹤影」？我和宋老師都但願不止於如此，而是如影隨形，就讓我們一直成為理想的浪漫派吧！

學生畢業的時候，我們最想向他們說：「願你一切都好，如果可以，請不要忘記我！」雖然，從校內步出校外，任彼此如何不捨，還是會轉眼失去了蹤影。

書出版了，我們可以叫學生拿住，叮嚀與祝福，都濃縮在這裡。到真的失去了蹤影，我也希望這本書能成為各位書桌的一分子，當失意來訪，你得重新聽聽最清悅的心聲，尋回最純粹的情意。蹤影不曾消失，一直都在，就藏在你追尋理想的勇氣裡。

大家加油！

鳴謝

此書蒙鄧昭祺教授慨允作序並賜內文稿件，至感榮幸。一直支持蒲葦寫作的，還有三聯的幾位好朋友，包括侯明小姐、梁偉基先生及張艷玲小姐，沒有他們，此書不可能得以出版，謹此致謝。不可遺漏的，還有為此書出力至大的編輯趙江小姐及黎漢傑先生，以及來稿的各位老師及同學，因為你們的支持，卑微的編者才得以實踐一個想了好久的宏願。

責任編輯　趙　江　張艷玲
書籍設計　陳嬋君

書　名　**師生有情**
編　者　蒲葦
照片提供　焦鍇　陳詩
出　版　三聯書店（香港）有限公司
香港北角英皇道四九九號北角工業大廈二十樓
Joint Publishing (H.K.) Co., Ltd.
20/F., North Point Industrial Building,
499 King's Road, North Point, Hong Kong
香港發行　香港聯合書刊物流有限公司
香港新界荃灣德士古道二二〇至二四八號十六樓
印　刷　美雅印刷製本有限公司
香港九龍觀塘榮業街六號四樓A室
版　次　二〇一四年五月香港第一版第一次印刷
二〇一八年七月香港第二版第一次印刷
二〇二一年十月香港第二版第二次印刷
規　格　大三十二開（140×196mm）二〇八面
國際書號　ISBN 978-962-04-4353-4